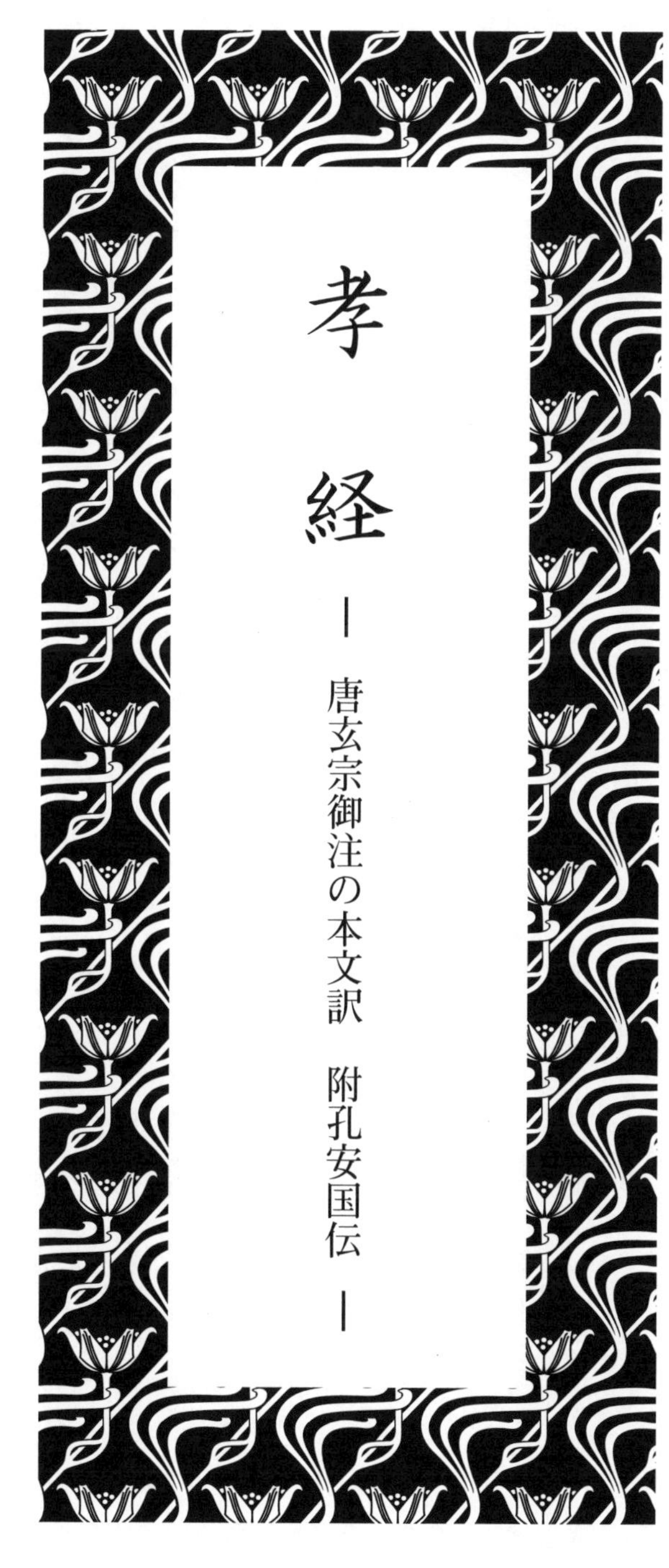

孝経

―唐玄宗御注の本文訳　附孔安国伝―

はじめに

本書は「孝」を専門に説いた中国の古典『孝経』という書物の翻訳である。

言うまでもないことであるが、古典は永い時間を経ても滅びることなく、現在に至るまで連綿と読み継がれてきたものである。ここに取り上げた『孝経』も、実に二千年以上にわたり、それを生んだ中国のみならず、いわゆる漢字文化圏（儒教文化圏）に於いて、「四書五経」とともに常に権威を伴って伝承されてきた古典中の古典である。それは『孝経』が、父母への敬愛の念を基本にして、これを「孝」という徳目に結実させることによって、時代と場所とを超える普遍的価値を持つに至った書物であるからに他ならない。

ところで我が日本の江戸時代に編纂された『誹風柳多留』の中に、

「孝行のしたい時分に親はなし」（また「親孝行したい時には親はなし」とも）

という川柳がある。この句にさらに次のように続けることもあるという。

「さりとても石に布団は着せられず」

この川柳からうかがえるのは、「孝行」とは生前の父母に尽くすものだという考え方であ

ろう。もちろん『孝経』にも、

「身体髪膚これを父母に受く。敢えて毀傷せざるは孝の始めなり」

という人口に膾炙した一文が有る。しかし『孝経』が説く「孝行」とは、生前の親に限定されるものでは決してない。そのことは『孝経』全書を読むなら容易に理解できることである。

さて前に、古典は永い時間を経ても滅びることなく、現在に至るまで連綿と読み継がれてきたものである、と述べたところであるが、実は古典はそれぞれの時代時代に合わせた読み方がされてきた。したがって、現在に於いてどのように読むか、或いはどのように理解するかは、読者の判断に委ねられてよい、と考える。たとえば『孝経』を現代に生きる我々にとっての道徳の教科書として読むことは、当然有り得ることであろう。

一方、古典研究者の立場としては、本来その書物がどのような目的で、いかなる人物によって書かれたものか、についての検討は避けて通れない問題である。つまりその書物が古典と成る以前に、或る特定の社会の、或る歴史的状況の中で生まれたものだという認識のもと、それを解明することである。しかしこれは容易なことではない。

本『孝経』についての筆者（訳者）の考えは「解題」で述べているが、前もってその結論を申し述べるとするなら、『孝経』とは、中国古代の戦国時代末期、孔子を開祖とする儒家が、祖先崇拝・祖先祭祀を根底にすえた血縁倫理を「孝」という徳目によって体系化することにより、極めて政治的な意図を以て著作された文献である、ということである。もとよりこれも一つの見方に過ぎない。読者諸賢におかれては、これにとらわれることなく、自由に読み取っていただきたい。

なお古典は古典であるが故に、現代人がそのまま理解するのは困難である。やはりこれまでに書かれた注釈に頼る必要がある。『孝経』の歴代の注釈については「解題」をご覧いただくとして、本訳書は唐の玄宗皇帝（后はあの楊貴妃）の注釈（これを「御注」という）によるものである。

そしてかなり専門的になるが、参考として、中国では早くに滅び、日本にのみ残っていて、「御注」とともに珍重された漢・孔安国の注釈（実は六朝時代の偽作）の訓読訳を巻末に附しておいたので、参考にしていただければ幸いである。

目次

目　次

凡例

一　本書は『孝経』の原文・訓読文・注釈・現代語訳・補説からなる。

二　『孝経』には今文と古文との二種類のテキストが伝存するが、本書の原文の底本は清の阮元が刊刻した「十三経注疏本」である。この阮刻本は、今文『孝経』と、これに唐の玄宗皇帝が注釈を施したいわゆる〈御注〉と、その疏（再注釈書）である北宋の邢昺が編纂した「正義」との三部から構成されている。

三　〈御注〉には、開元年間に作成された「開元始注本」と、これを天宝年間に補訂した「天宝重注本」との二種類があり、邢昺「正義」は後者「天宝重注本」に基づく。そしてこの「重注本」は、さらに玄宗皇帝自身が書写したものを石に刻した石経として作成された。これを「石台孝経」と称する。

四　文字の異同は阮刻「十三経注疏本」と「開元本」・「石台本」との間に限って原文に「＊」印を附して記述している。古文『孝経』との間の文字の異同については、注釈中で言及することがある。

五　原文・訓読文は原則として正字体・歴史的仮名づかいを用い、注釈以下は常用漢字体・現代仮名づかいを用いる。

六　訓読文・現代語訳ともに、ほぼ「天宝重注本」の解釈に従って訓読し、翻訳している。

七　注釈は、〈御注〉の大意を取って説明する場合もあるし、〈御注〉の訓読文によって紹介することもあるが、〈御注〉が注釈しない部分については、訳者の説明を加えている。

八　訳文中の〔 〕は簡単な注解、（ ）は補足的な文章である。

九　補説では、おおむね当該章の主旨を述べ、注釈中では述べ得なかったことに言及する。やや専門的な事柄にわたる場合もあるし、また対偶表現や尻取り方式で展開していく『孝経』の文章の構成を、原文を用いて分析する場合もある。

宗を開き義を明らかにするの章第一①

仲尼居し、②曾子侍す。③子曰はく、④「先王に至徳の要道有⑤りて、以て天下に順ひたれば、⑥民は⑦用て和睦し、上下に怨み無し。汝之を知れるか」と。曾子席を避けて曰はく、⑧「參は不敏なれば、⑨何ぞ以て之を知るに足らん」と。子曰はく、「夫れ孝は徳の本なり。⑩教への由りて生ずる所なり。坐に復れ。吾れ汝に語らん。⑪身體髮膚、之を父母に受く。敢へて毀傷せざるは、孝の始めなり。身を立て道を行ひ、⑫名を後世に揚げて、以て父母を顯かにするは、孝の終はりなり。夫れ孝は親に事ふるに始まり、君に事ふるに中し、身を立つるに終はる。〈大雅〉⑬に云ふ、『爾の祖を念ふこと無からんや、厥の徳を聿べ脩む⑭』」と。

開宗明義章第一

仲尼居、曾子侍。子曰、先王有至徳要道、以順天下、民用和睦、上下無怨。汝知之乎。曾子避席曰、參不敏、何足以知之。子曰、夫孝、徳之本也。教之所由生也。復坐。吾語汝。身體髮膚、受之父母。不敢毀傷、孝之始也。立身行道、揚名於後世、以顯父母、孝之終也。夫孝始於事親、中於事君、終於立身。大雅云、無念爾祖、聿脩厥徳。

①宗を開き義を明らかにする——宗旨の意義を開き明らかにするの意。もとよりここでの宗旨とは「孝」を指している。原文「開明宗義」は「開明宗義（宗義を開明す）」と同意で、このような構成の熟語を互文という。たとえば「天変地異」が「天地の変異」、「日進月歩」が「日に月に進歩す」、「神出鬼没」が「神鬼のごとく出没す」等がその例である。②仲尼居し——「仲尼」は孔子（名は丘）の字。字は元服した後につける通称であり、親や君、また師以外がその人を実名で呼ぶことはしない。原文「仲尼居」を古文『孝経』では「仲尼間居」に作る。「間居」は「閑居」に同じで、静かに安らかにくつろぐの意。③曾子侍す——「曾子」は孔子の年少の弟子の一人で、名は「参」、字は子輿。『論語』中にも「曾子」としてたびたび登場する。『論語』では孝道の実践者として登場することが多いので、孔子が「孝」を語る人物としてはまことにふさわしい。なお原文「曾子侍」を古文『孝経』では「曾子侍坐」に作る。「侍坐」とは貴人のお側に畏まってはべる意。『論語』に、「顔淵・季路侍。子曰、……」（公冶長篇）、「子路・曾皙・冉有・公西華侍坐。子曰……」（先進篇）とある。④子曰はく——『論語』で「子曰はく」が孔子を指すのと同様、『孝経』でも以下に見える「子曰はく」とはすべて孔子を指す。⑤至徳の要道——〈御注〉は、「孝は徳の至りであり、道の要である」と述べる。つまり「至徳の要道」とは「孝」のこと。⑥以て天下に順ひたれば——原文「以順天下」を古文『孝経』では「以訓天下」に作る。つまり古文では「以て天下を訓ふ」と読む。そのため、今文『孝経』でも「以て天下を順ふ（したがえる）」、「以て天下を順む」と読むむきもあるが、〈御注〉では、「先代の聖徳の王が、よく天下の人心に順うことができ、この孝による教化を行うことができたので、上下の臣人が、和睦して怨みの声がなくなった」と解釈するので、これに従い、「以て天下に順ふ」

と読む。このように、まさしく天下にご一人たる唐の玄宗皇帝が「天下の人心に順う」と解釈しているのは甚だ興味深いことである。⑦民――「民」は「人」と同義であること、諸侯章第三に「和其民人」という表現が示すとおりであるが、厳密に区別するなら、「人」が人一般、ないし政治に携わる階層を指すのに対し、「民」は統治の対象としての意味合いがある。⑧席を避けて曰はく――「席」は「むしろ」・「しきもの」の意で、「席を避ける」とは、座席から離れて立ち上がること。ちなみに当時は椅子席ではない。⑨参は不敏なれば――「参」は曾子の名であり、自分のことは名で言う。「不敏」は明敏でない者、ふつつか者の意で、謙称である。『論語』顔淵篇にも、「顔淵曰はく、回 不敏なりと雖も、請ふ斯の語を事とせん」、「仲弓曰はく、雍 不敏なりと雖も、請ふ斯の語を事とせん」とある。⑩夫れ孝は徳の本なり――〈御注〉では、「人の行いは孝より大きいものはない。それゆえ徳の本と見なしたのである」と説明する。『論語』為政篇にも、弟子の有若の言葉として、「孝弟なるものは、其れ仁の本たるか」とある。⑪吾れ汝に語らん――『論語』陽貨篇にも、「子曰はく、由よ、女 六言六蔽を聞けるか、と。対へて曰はく、未だし、と。居れ、吾れ女に語らん」とある。⑫身を立て道を行ひ……――〈御注〉に、「自立して能くこの孝道を行うことができれば、自然にその名は後世に揚がり、ひいては自分の親を光顕にすることになる。そのため孝を行うのは『毀たざる』ことを先となし、『名を揚げる』ことを後とするのだ」と解説する。⑬大雅――五経の一つ『詩経』三百篇は、大きく〈風〉〈雅〉〈頌〉に分類され、〈雅〉はさらに〈大雅〉と〈小雅〉とに分けられる。この章所引の〈大雅〉はその「文王」篇の一句である。このように文章の最後に『詩経』や『書経』を引用して締めくくるという構成は、古典によく見られるもので、いわば『詩経』や『書経』による権威付けである。ちなみに朱子『孝経刊誤』では、これらを後人の付加したものと見なし、全て「刊」っている。

⑭爾の祖を念ふこと無からんや……――ここでの「無念」は「念」と同じで、反語「念ふこと無からんや」に読む。「聿」は述〔のべる〕、「厥」は其〔その〕に同じ。〈御注〉は、「この『詩』は、恒に先祖のことを念い、先祖の徳を述べ修めるという意味に取る」と解説する。

仲尼がゆったりとくつろいでおり、そのお側に弟子の曾子が侍っていた。すると先生が仰った。

「先王すなわち昔の聖王は、このうえもない徳にして肝要なる道、すなわち孝という徳を体得し、天下万民の心に順ったため、万民はおだやかに睦みあい、身分の上下の間に怨み事はなかった。お前はこのことを知っていますか」と。

曾子は立ち上がり、座席を離れて答える。

「わたくし参は不敏な愚か者ゆえ、どうしてそのようなことを心得ておりましょうか」。

そこで先生は次のように仰った。

「そもそも孝とはあらゆる道徳の根本であり、教化はそこから生じてくるものです。まあ座席に戻って坐りなさい。これから私がお前に説明してあげよう。

人の身体は手足や頭髪・皮膚に至るまで、すべて父母から受け継いだものです。その大切な身体をむやみに傷つけることのないようにすること、これが孝の出発点です。そして孝を実践して自立し、その名声が後世にまで語り継がれ、その誉れが父母にまで及ぶこと、これが孝の終着点なのです。

そもそも孝とは、両親にお仕えすることに始まり、出仕して君主にお仕えすることを中間にはさみ、（孝と忠とを実行して）自立することに終わるものなのです。

《詩》の〈大雅〉にこんな文句がありますね。

『爾の祖を念ふこと無からんや、厥の徳を聿べ修む。〔汝のご先祖様を思わないでよかろうか。その遺徳を受け継いで修め、これを子孫に伝えよ〕』」と。

【補説】

本書『孝経』は、孔子が年若い弟子の一人である曾子に、「孝」の意義を詳細に語って聞かせるという構成で展開していく。そしてこの第一章は、章名「開宗明義」が示すとおり、「孝」があらゆる徳の宗義であり、先王の政治の基本であって、また人が生涯を通じて実践してゆくべきものであり、そのことが先祖の遺徳を継承し、さらに子孫に伝えていくことでもあると述べる。いわば『孝経』の総論である。

本章の「子曰」以下の後半の文章構成を見てみよう。

身體髮膚、受之父母、不敢毀傷、孝之始也•
立身行道、揚名於後世、以顯父母、孝之終也•

夫孝、始於事親
中於事君
終於立身

「孝」を始・終で説明する前半部分と、始・中・終で説明する後半部分とは、本来別々の文章であったと思われる。ただ『孝経』にとっては後半の「中於事君」が是非とも必要な一句であるため、始・終をより詳しく説明する前半部分をいわば枕の文章としたのである。そして後世、この枕の部分こそが『孝経』を代表する名句となった。前漢中期の司馬遷『史記』大史公自序に、「且夫孝始於事親、中於事君、終於立身。揚名於後世、以顯父母、此孝之大者」とあるのは、本章を踏まえたもので、後半部分に前半部分を合わせた表現となったものである。

「仲尼居」について。『礼記』に「孔子間居」篇があり、「孔子間居、子夏侍」という文章から始まり、また「仲尼燕居」篇があって、ここでは「仲尼燕居、子張・子貢・言游侍」という文章から始まり、それぞれ『詩』や「礼」について、孔子が弟子に語って聞かせるという構成になっている。その形式は『孝経』に類似している。なお「間居」と「燕居」とは同意で、退庁して家でくつろぐの意味である。

「曾子」について。『史記』仲尼弟子列伝では、「曾参は南武城の人で、字は子輿。孔子よりも四十六歳年少である。孔子は曾参が能く孝道に通じていると認め、彼に業を授けた。その結果、曾子は『孝経』を作り、魯で亡くなった」と述べている。その曾子の最期の様子を『論語』では、「曾子 疾有り。門弟子を召して曰はく、予が足を啓け〔私の足をよく見よ〕、予が手を啓け。『詩』に云ふ、戦々兢々として、深淵に臨むが如く、薄氷を履むが如し、と。而ち今よりして後、吾れ免かれたるを知るかな〔もう心配する必要がなくなったなあ〕、小子」（泰伯篇）と記述しているが、これは本章の「身體髪膚、之を父母に受く。敢へて毀傷せざるは、孝の始めなり」にその主旨が通じる。思うに曾子と『孝経』とが結びつけられた所以であろう。また諸侯章第三に同じ『詩』小閔篇を引用していることからしても、『孝経』には『論語』の影響の大きいことが分かる。

さらに注目すべきは、『論語』と同様に『孝経』でも曾参は「曾子」と記述されていることである。「曾子」とは「曾先生」を意味するところから、『論語』中で曾子の言葉を記載する篇は、曾子学派の編集したものだとする説もある。その点からすると、『孝経』の作者ないし編者は少なくとも曾子の弟子、あるいは孫弟子以降の者であった可能性が大きい。

「**以順天下**」について。古文『孝経』で「以訓天下」に作ることは注⑥で指摘したが、漢初、高祖劉邦に仕えた陸賈の著作と伝えられる『新語』慎微篇に、「孔子曰、有至徳要道以順天下。言徳行而其下順之矣」とある。後の「解説」で詳述するが、秦の禁書を経た後、漢代になって『孝経』が世に出るのは、第五代文帝の時代である。それ以前に著作された『新語』が「順」字に作ることからすると、あるいは「訓」字よりも「順」字の方が古い形なのかもしれない。なお『新語』にはこの他にも『孝経』に類似する文章が見える。たとえば『新語』無為篇「故孔子曰、移風易俗」と広要道章第十二「移風易俗、莫善於楽」など。ただし「孔子曰」とあって、「孝経曰」とはなっていないことから、漢初の時点では「孝経」という書名はまだ無かったとする見方もある。

「**不敢毀傷**」について。〈御注〉では、「〈父母が身体を全くして生んでくださったのだから、自分は全くしてこの身体を帰すべきである、故に敢えて毀傷せず」と解説する。『礼記』祭義篇に、「曾子これを夫子に聞く。曰はく、『天の生ずる所、地の養ふ所、人より大なるは無し』と。父母全くして之を生じたれば、子全くして之を帰すは、孝と謂ふべし。その体を虧かず、その身を辱しめざるは、全くすと謂ふべし」とあるのは、『孝経』と全く同意で、もとより〈御注〉の基づいたものである。

天子の章第二①

子曰はく、「親を愛する者は、敢へて人を悪まず。親を敬する者は、敢へて人を慢らず。愛・敬 親に事ふるに盡きて、②徳教③百姓④に加はり、四海⑤に刑らるるは、⑥蓋し天子の孝なり。⑦〈甫刑〉⑧に云ふ、『一人慶有らば、兆民 之に頼る』⑨」と。

天子章第二

子曰、愛親者、不敢悪於人。敬親者、不敢慢於人。愛敬盡於事親、而徳教加於百姓、刑于四海、蓋天子之孝也。甫刑云、一人有慶、兆民頼之。

＊ 刑于四海――開元本は「于」字を「於」字に作る。

①天子――天から天下を統治すべしとの命令を受けた者、つまり天の子がその原義。孔子が前提とする世界では「王」、より具体的には「周王」を指す。そして王より以下、

　王（天子）―諸侯（公・侯・伯・子・男）―卿大夫―士―民（農・工・商）という身分制から成り立っているのである。本章より後、天子・諸侯・卿大夫・士・庶人の身分に合わせた「孝」が順次説明されていくことになる。②愛・敬 親に事（つか）ふるに盡（つ）きて――「愛」は愛情（特に肉親に対する）の意で、情感的なニュアンスを持ち、「敬」は敬意・敬虔の意で、理性的なつつしみの気持ちを表す語。『孝経』において、「愛」と「敬」とは「孝」を成り立たせる二大要素である。後の諫争章第十五では「慈愛」と「恭敬」という二字熟語で表記されている。なお『論語』には「孝」との関わりにおいて「敬」の重要性を説いた、「子曰はく、今の孝とは、是れ能く養へるを謂ふ。犬馬に至るまで、皆な能く養ふこと有り。敬せずんば何を以て別（わ）かたんや」（為政篇）という一章がある。③徳教（とくきょう）――徳による教化、ここではもちろん「孝」徳による教化を指す。④百姓（ひゃくせい）――「ひゃくしょう」ではなく、「ひゃくせい」と読む。人はすべて「姓」を持っており、「百」とは多数を表現したもので、「百姓」とは多くの人々、どちらかと言えば統治の対象としての人々の意。「万民」・「兆民」も同様である。⑤四海（しかい）――「四海」は「四晦（しかい）」に通用し、四方の文明の開けていない晦（くら）い国々の意。四方をさらに区別して東夷（とうい）・西戎（せいじゅう）・南蛮（なんばん）・北狄（ほくてき）という。⑥刑（のっと）る――〈御注〉に「刑は法なり」とある。つまり「刑る」とは、法則〈おてほん〉とされる、模範とされるの意。〈御注〉はこれに続けて、「君が博愛・広敬の道を行い、人々すべてに自身の親をおろそかにしないようにさせるなら、その徳の教えが天下に波及し、ひいては四方の国々までもがお手本とするはずである」と注釈する。⑦蓋（けだ）し天子（てんし）の孝なり――「蓋」は通例「たぶん」・「思うに」の意味に用いるが、〈御注〉が、「蓋は猶ほ略〈ほぼ〉のごときなり。孝道は広大なれば、此は略して之れを言ふ」と述べるように、天子の孝についてはまだ言うべきことは多々あるが、概略を言えばこういうことになろうか、という意味に用いている。諸侯章以下も同様。⑧甫刑——五経の一つ『書経』の篇名。ただし『書経』は後世の命名で、古くは『書』または『尚書』と呼称された。『書』は古代の帝王の演説が基になった文献である。そのため孔子学園では『詩』とともに『書』が主要な教科書であったらしく、『論語』中には『詩』・『書』がしばしば引用されている。ただし『孝経』における『書』の引用はこの一例のみである。⑨一人慶有らば、兆民之に頼る——〈御注〉は「一人」とは天子、「慶」は善、十億を「兆」と見なし、「この『詩』を引用したのは、天子が孝を実践すれば、兆人〔万民〕すべてがその善行に頼るという意味に取ったからである」と解説する。

先生が仰った。

「親を愛する者は、むやみに他人を憎むようなことはしない。

親を敬する者は、むやみに他人を侮るようなことはしない。

この愛と敬とが、親にお仕えすることに対して充分に尽くされた結果、その徳の教化が天下万民に施され、四方の果ての国々までにお手本とされるようになる。これがだいたい天子の孝というものでしょうか。

《書》の〈甫刑〉にこんな文句がありますね。

『一人慶有らば、兆民之に頼る〔天子一人に慶きことがあると、万民はそれを頼りとして順う〕』と」。

【補説】

本章は、天子の「孝」の徳による教化によって、万民が天子をお手本とするようになること、その「孝」の中身は「愛」と「敬」とであることを述べる。

愛親者、不敢惡於人、
敬親者、不敢慢於人。
愛敬盡於事親、
而德教加於百姓、
刑于四海、
蓋天子之孝也。

最初の二句は、「愛」と「敬」とを対照した対偶表現であり、これを三句目で「愛敬盡於事親」としてまとめる。こういう形式は後にも頻出するものである。前章でも示したように、『孝経』の文章の特徴として対偶表現の多用が挙げられよう。朗唱に適しており、後世、『孝経』が子弟の課本として利用された一因でもある。

ところで、天子には生存している親（少なくとも父）はいないはずである。なぜなら、先君亡き後に新君として即位して天子となるからである。そういう点からすると、最初の三句は天子には直接関わらない一般論だと言わねばならない。したがって、天子に関わるのは後の二句「徳教加於百姓、刑于四海」のみだということになる。『孝経』の構想として、身分による「孝」実践の違い（これが『孝経』の眼目のひとつ）を述べる必要性から、やや無理な構成の文章となったのではなかろうか。実はこれは後の章でも言えることではある。もっとも『呂氏春秋』孝行覧に、「故愛其親、不敢悪人。敬其親、不敢慢人。愛敬盡於事親、光燿加於百姓、究於四海、此天子之孝也」という、本章を踏まえたと思われる一節があるので、天子章第二成立の当初から、このような文章であったのだろう。

「甫刑」について。「甫刑」は現行本（古文『尚書』）では「呂刑」という篇名であり、その内容は、周の穆王の司寇（裁判官）となった呂侯が刑法を設けて四方に訓示したもの。したがって「呂刑」が本来の篇名であるが、呂侯が後に甫侯となったので、「甫刑」と名付けられたという。そして古文『孝経』でも「呂刑」に作っている。

ちなみに『礼記』では「表記」篇に二箇所、「緇衣」篇に三箇所、いずれも「甫刑」として引用されており、しかも「緇衣」篇の一例には、「詩云、赫赫師尹、民具爾瞻。甫刑曰、一人有慶、兆民頼之」というように、本章と同じ句の引用が有り、さらにその前に引用された『詩』もまた三才章第七所引と同句である。『礼記』と『孝経』との関連性をうかがうことができるであろう。

そういう観点から、もう一点だけ指摘しておく。『礼記』の「坊記」第三十・「中庸」第三十一・「表記」第三十二・「緇衣」第三十三は、今では亡佚してしまった『子思子』の一部であると言われている。「子思」は孔子の孫、名は汲、子思はその字である。かつて曾子に学んだと伝えられる。したがって孔子―曾子―子思という学統が成り立つのである。いずれも経学的伝説であるが、『子思子』と『孝経』との関連性についても検討する必要があるだろう。ただ新出土資料「郭店楚墓竹簡」中の「緇衣」篇では、「赫赫師尹」の『詩』の引用が無く、しかも「甫刑」ではなくて「呂刑」に作っている。結局のところ、『尚書』と同様に、『孝経』も今文が「甫刑」、古文が「呂刑」だということになるであろうか。

諸侯①の章第三

上に在りて驕らずんば、高けれども危ふからず。節を制し度を謹まば②、滿つれども溢れず。高けれども危ふからざるは、長く貴きを守る所以なり。滿つれども溢れざるは、長く富を守る所以なり。富貴其の身を離れずして、然る後に能く其の社稷③を保ちて、其の民人を和ぐるは、蓋し諸侯の孝なり。

諸侯章第三

在上不驕、高而不危。制節謹度、滿而不溢。高而不危、所以長守貴也。滿而不溢、所以長守富也。富貴不離其身、然後能保其社稷、而和其民人、蓋諸侯之孝也。

《詩》④に云ふ、「戦戦兢兢として、深淵に臨むが如く、薄氷を履むが如し」と。

詩云、戦戦兢兢、如臨深淵、如履薄冰。

①諸侯――諸侯は公・侯・伯・子・男の五等の爵位によってランク付けられている。このうち公爵・侯爵が大国、伯爵が次国、子爵・男爵は小国である。②節を制し度を謹まば――原文「制節謹度」は互文であり、「節度を制し謹む」の意。〈御注〉では、「費用を倹約することを節を制すと言い、慎んで礼法を行うことを度を謹むと言う。また無礼が驕であり、贅沢が溢である」と注釈する。③社稷――「社」は土地神、「稷」は穀物神であり、諸国の君主だけがこの二神を併せて祭祀することができるので、「社稷」は国家を象徴するものとなり、やがて国家と同義語となった。〈御注〉は、「列国にはすべて社稷があって、その君主だけがこれを祭ることができる。富貴が常にその身に在るなら、長くその社稷の主となって、国の人々は平和に暮らしてゆけるのである」と解説する。④詩――これは『詩経』小雅・小旻の一句。〈御注〉は、「戦戦」は恐懼〔おそれる〕すること、「兢兢」は戒慎〔いましめつつしむ〕することである。深い淵に臨めば、墜ちるのではないかと恐れ、薄い氷を履むと、割れて水中に陥るのではないかと恐れる。この『詩』を引用したのは、君となった以上、恒に戒慎すべきだという意味である、と解説する。

（先生の言葉は続く。）

「上位に在ってもおごり高ぶることがなければ、高位に在ったとしても危険なことはありません。節約して慎重に限度を守るなら、満ち足りたとしてもあふれ出ることはありません。高位に在っても危険でないということが、長く高貴な身分を守る手立てです。満ち足りてもあふれ出ることはないということが、長く富裕を守る手立てです。

富貴がその身から離れることがないということで、はじめて社稷すなわち国を保有し、国の民人(みんじん)を平和に治めることができる。これがだいたい諸侯の孝というものでしょうか。

『詩』にこんな文句がありますね。

『戦戦兢兢(せんせんきょうきょう)として、深淵(しんえん)に臨(のぞ)むが如(ごと)く、薄氷(はくひょう)を履(ふ)むが如し〔常に恐れ慎むこと、深い淵に臨むように、薄い氷を履むようにせよ〕』と」。

【補説】

本章は、諸侯が高位に在って驕慢・奢侈であると、富貴を失い、社稷を失う事態に立ち至ることを戒めたものである。

在上不驕、高而不危。——高而不危、所以長守貴也。

制節謹度、滿而不溢。——滿而不溢、所以長守富也。

富貴不離其身、

然後能保其社稷
而和其民人。」
蓋諸侯之孝也。

ここにも対偶表現が四句にわたって用いられ、その対照語は「高」―「満」と「貴」―「富」であり、これが「富貴不離其身」としてまとめられる。そしてここでもやはり前半の四句は、必ずしも諸侯の「孝」に限られるものではないだろう。諸侯に関わるのは後半の「然後能保其社稷、而和其民人」であること、先の天子章第二の場合と同じである。

さらにこの章が『呂氏春秋』察微篇に、「孝經曰、高而不危、所以長守貴也。満而不溢、所以長守富也。富貴不離其身、然後能保其社稷、而和其民人」として引用されているのも、やはり天子章と同様である。

卿大夫の章第四①

先王の法服②に非ずんば、敢へて服せず。先王の法言に非ずんば、敢へて道はず。先王の徳行に非ずんば、敢へて

卿大夫章第四

非先王之法服、不敢服。
非先王之法言、不敢道。

行はず。是の故に法に非ざることは言はず、道に非ざることは行はず。口に擇言無く、身に擇行無し。③言 天下に滿てども口過無く、行 天下に滿てども怨惡無し。三者備はりて、④然る後に能く其の宗廟⑤を守るは、蓋し卿大夫の孝なり。

《詩》⑥に云ふ、「夙夜懈ること匪く、以て一人に事ふ」と。

非先王之徳行、不敢行。是故非法不言、非道不行。口無擇言、身無擇行。言滿天下無口過、行滿天下無怨惡。三者備矣、然後能守其宗廟、蓋卿大夫之孝也。

詩云、夙夜匪懈、以事一人。

①卿大夫――「卿大夫」は天子・諸侯に仕える臣下の身分であるが、厳密に言えば、「卿」と「大夫」とには区別がある。『礼記』王制篇によると、

天子　三公・九卿・二十七大夫・八十一元士
大国　三卿・下大夫五人・上士二十七人
次国　三卿・下大夫五人・上士二十七人
小国　二卿・下大夫五人・上士二十七人

というランクと人数が決められていた。つまり「卿」とは「上大夫」のことで、いわば大臣クラスの身分であり、「大夫」はその予備軍であった。いずれも上流貴族である。ちなみに魯国では、春秋時代二番目の

桓公に出自するいわゆる「三桓氏」が、孔子の時代の至る頃までこの卿位を独占して、魯国の政治を壟断していた。『論語』には孔子の三桓氏批判の言葉が多く残されている。②先王の法服――「法」は礼法の意。それぞれの身分に応じて先王が定めた服装、つまり様々な儀式の際に身につける正装があった。これを五服（王・公・卿・大夫・士）という。③口に択言無く、身に択行無し――「択」は「えらぶ」の意。すべて先王によって定められたものであるから、あれこれ迷う必要がない、選択の余地はないというわけである。④三者備はりて――法服・法言・法行の三者。〈御注〉は、「三者は服・言・行なり。礼にては卿大夫は三廟を立てて、以て先祖を奉ず。言ふこころは能く此の三者を備へば、則ち能く長く宗廟の祀を守るなり」と言い、この「三者」を「天子七廟、諸侯五廟、大夫三廟、士一廟」（『礼記』王制篇）に関連づけているが、その必要はあるまい。⑤宗廟――「宗廟」は先祖をお祭りする「みたまや」。上記『礼記』王制篇の記述によれば、先祖の木主〈位牌のようなもの〉を所蔵する宗廟自体の数も定められていたことになる。したがって、「宗廟」は卿大夫に限られるものではないが、天子では「百姓」・「四海」すなわち天下、諸侯では「社稷」・「民人」すなわち国家で表現したので、卿大夫では「宗廟」を当てたのである。ちなみに『孟子』離婁上篇に「天子 不仁ならば、四海を保たず。諸侯 不仁ならば、社稷を保たず。卿大夫 不仁ならば、宗廟を保たず。士・庶人不仁ならば、四体を保たず」とあって、卿大夫までは『孝経』と一致する。⑥詩――『詩経』大雅・烝民篇の一句。「夙」は早朝、「懈」は惰る意。「大雅」烝民篇の伝統的解釈〔『毛伝』・『鄭箋』〕では、「一人」とは天子、具体的には周の宣王を指すが、本章では卿大夫のお仕えする主君を指している。この章のみならず、『詩』を引用する場合、元の『詩』の意味から離れて、その場にふさわしい意味を持たせる。これを断章取義（章を断ちて義を取る）という。

（先生の言葉は続く。）

「先王が定めた礼法にかなった服装でなければ、決して身につけない。
先王が定めた礼法にかなった言葉でなければ、決して口に出さない。
先王が定めた礼法にかなった振る舞いでなければ、決して行わない。
このようなわけで、礼法にかなっていなければ口に出さず、道徳にかなっていなければ行わない。
つまり口に出す言葉に、あれこれと迷うことはなく、身の振る舞いに、あれこれ迷うことはない。だからその言葉が天下に広まっても失言はなく、振る舞いが天下に広まっても怨み憎まれることはないのです。

（服装と言葉と振る舞いの）三者が備わってこそ、はじめて宗廟の祭祀を守ることができる。これがだいたい卿大夫の孝というものでしょうか。

『詩』にこんな文句がありますね。

『夙夜　懈ること匪く、以て一人に事ふ（朝早くから夜遅くまで怠ることなく、上ご一人にお仕えする）』

と」。

【補説】

本章は、卿大夫が先王の定めた法服・法言・徳行に従って行動すれば、言行に誤りがなく、その宗廟を守り続けることができる、と説いている。

非先王之法服、不敢服
非先王之法言、不敢道
非先王之徳行、不敢行
是故非法不言、口無擇言、言滿天下無口過。
非道不行、身無擇行、行滿天下無怨惡。

三者備矣、然後能守其宗廟。

此卿大夫之孝也。

最後の「三者」はもちろん服・言・行を指すが、直前の対偶表現は言・行のみである。おそらく後から挿入的に付加された文章であろう。そしてここでも、卿大夫に関わるのは、最後の「然後能守其宗廟」のみである。法服・法言・徳行は卿大夫に限られるわけではない。

ちなみに『孟子』告子(こくし)下篇に、「堯舜之道、孝弟而已矣。子服堯之服・誦堯之言・行堯之行、是堯而已矣。子服桀之服・誦桀之言・行桀之行、是桀而已矣（堯舜の道は、孝弟なるのみ。子 堯の服を服し、堯の言を誦し、堯の行ひを行はば、是れ堯なるのみ。子 桀の服を服し、桀の言を誦し、桀の行を行はば、是れ桀なるのみ)」とあるのは、「孝弟」を服・言・行に結びつけたものである。先に引用した離婁上篇と併せて、『孟子』との関連性をうかがわせる章である。つまり孔子—曾子—子思—孟子という学統が成り立つ。

士①の章第五

父に事ふるに資りて以て母に事へ②、而して愛は同じ。父に事ふるに資りて以て君に事へ、而して敬は同じ。故に母には其の愛を取り、而して君には其の敬を取り、之を兼ぬる者は父なり。故に孝を以て君に事ふれば則ち忠なり③。敬を以て長に事ふれば則ち順なり。忠・順をば失はずして、以て其の上に事へ、然る後に能く其の祿位④を保ちて、其の祭祀⑤を守るは、蓋し士の孝なり。

士章第五*

資於事父以事母、而愛同。資於事父以事君、而敬同。故母取其愛、而君取其敬、兼之者父也。故以孝事君則忠、以敬事長則順。忠順不失、以事其上、然後能保其祿位、而守其祭祀、蓋士之孝也。

詩云、夙興夜寐、無忝爾所生。

《詩》⑥に云ふ、「夙に興き夜に寐ね、爾の所生を忝むること無かれ」と。

＊士章——開元本は「士人章」作る。

①士——「士」は政治に携わる身分としては最下位であるが、やはり治められる庶人との間には大きな格差が有った。『論語』には孔子が「士」とはいかに在るべきかを説いた章が多い。②父に事ふるに資りて以て……——「資」は「取る」、「もとでとする」の意。③故に孝を以て君に事ふれば則ち忠なり——〈御注〉に、「父に事ふる孝を移して以て君に事ふれば、則ち忠と為るなり」と説明するのは、広揚名章第十四の「君子の親に事ふるや孝、故に忠君に移すべし」にもとづく。「忠」は『論語』では「まん中の心」・「まごころ」の意であるが、本章では、後世のいわゆる「忠義」・「忠臣」の「忠」、すなわち君臣関係に限定される「忠」として用いられているようである。「孝」から「忠」への「移」行が『孝経』の特徴だと言えよう。④禄位——俸禄と官位。⑤祭祀——先祖の祭祀であり、士にも宗廟はあるが、卿大夫と区別して、本章では「祭祀」と表現したもの。⑥詩——『詩経』小雅・小宛の一句。「忝」は辱〈はずかしめる〉の意。「所生」とは父母を指す。

(先生の言葉は続く。)

「父にお仕えするその態度をもとにして母にお仕えする、その気持ちは同じ愛です。

郵便はがき

恐縮ですが
郵便切手を
お貼り下さい

167-0052

杉並区南荻窪一―二五―三

明徳出版社行

ふりがな 芳名	年齢 才
住所 〒	
メール アドレス	
職業	電話 (　　)
お買い求めの書店名	このカードを前に出したことがありますか はじめて　(　　)回目

書　名

愛読者カード

ご購読ありがとうございます。このカードは永く保存して、新刊案内のご連絡を申し上げますので、何卒ご記入の上ご投函下さい。

この本の内容についてのご意見ご感想

紹　介　欄

本書をおすすめしたい方をご紹介下さい。ご案内を差しあげます。

「明徳出版社図書目録」を御希望の方に送呈します。

□ 希望する　　□ 希望しない

メールでご依頼頂いても結構です。

メールアドレス：info@meitokushuppan.co.jp

父にお仕えするその態度をもとにして君(きみ)にお仕えする、その気持ちは同じ敬です。つまり母には愛の心でお仕えし、君には敬の心でお仕えするわけですが、この愛と敬とを兼ね備えるのが父なのです。

したがって、父にお仕えする孝の心で君にお仕えするなら、それが忠であり、敬の心で年長者にお仕えするな、それが順なのです。

この忠と順とを失わないようにして目上の人にお仕えすることで、はじめて自分の地位と俸禄を保持し、祖先の祭祀を守り続けることができる。これがだいたい士の孝というものでしょうか。

『詩』にこんな文句がありますね。

『夙(つと)に興(お)き夜(よわ)に寐(い)ね、爾(なんじ)の所生(しょせい)を忝(はづかし)むること無(な)かれ〈朝は早く起き、夜は遅くに寝て、汝を生み育てて下さった父母を辱めることがないように〉』と」。

【補説】

本章は天子章第二と同様、「孝」を成り立たせる「愛」と「敬」との重要性を説くが、ここでは母に対しての「愛」、君に対しての「敬」、これを兼ねるのが父であると説明する。そして士にとっては、「孝」・「敬」に対応する「忠」・「順」が禄位と祖先の祭祀を保ち守る所以であると述べる。

資於事父以事母、而愛同。　故母取其愛、
資於事父以事君、而敬同。　而君取其敬、
兼之者父也。
故以孝事君則忠、
以敬事長則順。
忠順不失、以事其上、
然後能保其祿位
而守其祭祀
蓋士之孝也。

前半の母に対する「愛」と君に対する「敬」との対照、これを兼ねるのが父だとして一旦終結した後、後半では「孝」と「敬」とを、「忠」と「順」とに対照させるというように、対偶表現に前後でズレが生じている。否、ズレではなく「移」行であり、これこそ『孝経』の重要な仕掛けである。また『孝経』には「愛」と「敬」との重要性を説く章は多いが、特に天子章第二とこの士章第五とが鮮明である。その点からすると、『孝経』は「天子」と「士」という二つの中心を持ったいわば楕円構造をなすものではなかろうか。

「士」について。注①に述べたように『論語』には孔子が「士」とはいかに在るべきかを説いた章が多い。「子曰はく、士道に志して、而も悪衣・悪食を恥づる者は、未だともに議するに足らざるなり」（里仁篇）、「子曰はく、士にして居を懐ふは、以て士たるに足らざるなり」（憲問篇）などがそれで、孔子学園を構成する弟子たちは、士の身分の者が多かったのであろう。「子貢問ひて曰はく、何如なれば斯れ士と謂ふべき」（子路篇）、「子路問ひて曰はく、何如なれば斯れ士と謂ふべき」（子路篇）という弟子たちの質問も、そのことを物語っている。そしてほかならぬ曾子もまた、「曾子曰はく、士は以て弘毅（おおらかでつよい）ならざるべからず。任は重くして道は遠し。仁をば以て己が任と為す、亦た重からずや。死して後に已む、亦た遠からずや」（泰伯篇）と語っている。『孝経』でも士の身分の者の在り方に力点の一つが置かれている。

「父に事ふるに資る」について。『大戴礼記』本命篇に、「資於事父以事君、而敬同。……資於事父以事母、而愛同」という、順序は異なるが本章と同じ文章が見える。『大戴礼記』は経書のうちには数えられず、これまで経書ほどには重要視されてこなかった文献であるが、実はこの中に曾子の言行を記した『曾子』の佚文と言われるもので、「曾子立事」・「曾子本孝」・「曾子立孝」といった「曾子」を冠する十篇が収録されており、曾子と『孝経』とが密接に関連づけられているのである。旧版岩波文庫が『孝経・曾子』（武内義雄・坂本良太郎訳注　一九四〇年初版）として、『孝経』にこの『大戴礼記』所収の『曾子』を併せているのは、まことに理由のあることであった。また『礼記』喪服四制篇にも、上掲『大戴礼記』本命篇とほぼ同じ文章が見える。

庶人の章第六①

天の道を用ひ、②地の利を分かち、③身を謹み用を節して、以て父母を養ふは、④此れ庶人の孝なり。⑤故に天子より庶人に至るまで、⑥孝に終始無く、而して及ばざるを患ふる者は、未だ之有らざるなり。

庶人章第六

用天之道、分地之利、謹身節用、以養父母、此庶人之孝也。故自天子至於庶人、孝無終始、而患不及者、未之有也。

---

①庶人——人口のおそらくは九割以上を占めると思われるのが「庶人」であり、そしてさらにその大部分は農民であろう。彼らはあくまでも統治の対象であり、文字が読める者も皆無に近かったはずで、『孝経』という書物とは本来無縁の存在であった。しかし『孝経』は彼らの「孝」をも規定する。　②天の道を用ひ——「天之道」とは「天道」、具体的には四季のめぐり、運行として顕現する。農作業は季節に応じた作業がなされなければならない。〈御注〉は、「春は生じ、夏は長じ、秋は斂め、冬は蔵す。事を挙ぐるに時に順ふは、此れ天道を用ふることなり」と解説する。　③地の利を分かち——〈御注〉は土地の適正を「五土」に分別し、その土地にふさわしい作物を栽培することだと解説している。「五土」とは、『周礼』地官・大司徒の「五土は、一に曰はく山林、二に曰はく川沢、三に曰はく丘陵、四に曰はく墳衍〈川の側の低地〉、五に曰はく原湿〈湿地帯〉」に拠ったもの。　④身を謹み用を節して、以て父母を養ふ——〈御注〉は、「自

身が恭謹な態度をとれば、恥辱から遠ざかり、財用を節約すれば、飢寒を免れることができる。農作業が順調にいけば、公庫に納める税〔賦〕が充分であり、私的に父母を養うことにも不足はない」と解説する。⑤此れ庶人の孝なり――この庶人章にだけ「蓋」という表現がないことについて、〈御注〉は、「庶人 孝を為すは、唯だ此れのみ」と説明している。また『詩』の引用がないことについては、邢昺『孝経正義』は、「庶人の孝の義はこれに尽きるので、贅言するまでもないからである」と述べている。⑥故に天子より庶人に至るまで……――この一節は**庶人章第六**の文章ではなく、**天子章以下庶人章**に至るまでの五章の、いわばまとめの文章だと言わねばならない。古文『孝経』が庶人章と区別し、「子曰」を冠して**孝平章**と名づけるのは、その点では妥当である。ただそうすると、二つの章が一章としては極めて短いものとなる。或いは欠文が有ったのかもしれない。そういうことも一因であろうか、その文章自体もやや難解である。一応、〈御注〉の、「天子より始まり、庶人に終るまで、尊卑 殊なりと雖も、孝道は致〔終着点〕を同じくす。而して及ぶ能はざるを患ふる者は、未だ之有らざるなり。言ふこころは此の理無し、故に未だ有らずと曰ふ」という解釈に従って翻訳した。つまり〈御注〉は「終始」を「尊卑」と解している。

(先生の言葉は続く。)

「天の道、すなわち四季のめぐりに順い、地の利、すなわち土地の適性に合った作物が何かを分別し、身の振る舞いを慎重にして財用を節約し、父母に孝養を尽くす、これが庶人の孝です。

(以下は、まとめ。)

それゆえ天子より庶人に至るまで、孝に尊卑の区別はなく、すべて行き着く先は一致する。だから孝の実行に及ばないことを心配することなど、あり得ないことなのです」。

【補説】

本章の前半は庶人の「孝」について、農作業にいそしんで身を慎み、節約して税を納め、余裕を持って父母を養うこと、これだけだと断じる。士以上と庶人との間の格差は大きい。

いずれにしても、以上の開宗明義章第一に続く天子章から庶人章までは、順次身分による「孝」の内容を区別して説明したもので、ひとつのまとまりを持つものである。

そして本章以下は「孝」による政治、すなわち「孝治」を様々な角度から論述していく。したがって南宋の朱熹が前半を「経」、以下を「伝」として区別したのも一応は首肯できる。ただこれまでに述べたように、身分による五つの「孝」の区別は必ずしも成功しているとは言い難いし、また朱子が主張するように、開宗明義章と五つの「孝」を説く部分が「経」であり、以下がその「伝」であるとは単純に言えないのである。

三才の章第七①

曾子曰はく、「甚しきかな、孝の大なるや」と。子曰はく、「夫れ孝は、天の經なり②、地の義なり③、民の行なり④。天地の經にして、民は是れ之に則る。天の明に則り、地の利に因り、以て天下に順ふ。⑤是を以て其の教へは肅ならずして成り、⑥其の政は嚴ならずして治まる。

先王教への以て民を化すべきを見るなり。是の故に之に先んずるに博愛⑦を以てして、民は其の親を遺るること莫し。之を陳ぶるに德義を以てして、民興して行ふ。⑧之に先んずるに敬讓を以てして、民爭はず。之を導くに禮樂を以てして、民和睦す。之に示すに好惡⑨を以てして、民禁を知る。

《詩》⑩に云ふ、『赫赫たる師尹、民具に爾をば瞻る』」と。

三才章第七

曾子曰、甚哉、孝之大也。

子曰、夫孝、天之經也、地之義也、民之行也。天地之經、而民是則之。則天之明、因地之利、以順天下。是以其教不肅而成、其政不嚴而治。

先王見教之可以化民也。是故先之以博愛、而民莫遺其親。陳之以*德義、而民興行。先之以敬讓、而民不爭。導之以禮樂、而民和睦。示之以好惡、而民知禁。

詩云、赫赫師尹、民具爾瞻。

＊　阮刻本は「以」字を「於」字に誤刻するので、改める。

①三才――天・地・人の三者を指し、「三材」とも表現する。『周易』説卦伝に、「むかし聖人の《易》を作りしや、将に以て性命の理に順はんとす。是を以て天の道を立てて、陰と陽と曰ひ、地の道を立てて、柔と剛と曰ひ、人の道を立てて、仁と義と曰ふ、三才を兼ねて之を両つにす。故に《易》は六画〔六爻〕にして卦を成す」とある。②經――「経」の正字体「經」は織物の縦糸の象形。そこから上下を貫いて変わらないものを意味することとなる。〈御注〉は「経は常なり」と言い、恒常性・法則性の意に引伸する。『孝経』という書名はこの一句に由来するであろう。ただし自ら「経書」を名乗ったものと見なす必要はない。③義――〈御注〉は、「物を利するを義と為す」と解する。つまり万物に利益をもたらすことを「義」と見なすのである。④行――〈御注〉は、「孝は百行の首、人の常徳と為す」と解し、「三辰〔日・月・星〕の天を運りて常有り、五土の地を分かちて義と為すが若きなり」とまとめる。⑤以て天下に順う――「以順天下」は、開宗明義章第一に合わせて「以て天下に順ふ」と読んだ。上文の「則天之明」、「因地之理」とも対応するからでもある。⑥其の教へは粛ならずして成り……――天の明らかな恒常性に則り、地が産み出す利益に因循し、天下の民心に順えば、おのずからにして天下は治まるとする「孝治」は、法に厳格ないわゆる「法治主義」に対抗して説かれたものである。⑦博愛――『論語』学而篇に、「子曰はく、弟子、入りては則ち孝、出でては則ち弟、謹みて信あり、汎く衆を愛して仁に親しみ、行ひて余力有らば、則ち以て文を学ぶ」とある「汎愛」も同じ。孔子より後の墨子の「兼愛」思想が、自身の親と同様に他人の親を

愛することを主張するのに対し、先ずは自身の親を愛することから始めて、同心円的に次第に拡大して他人に及ぼしていくというのが、ここで言う「博愛」であろう。そうすると本節の「之に先んずるに博愛を以てして、民は其の親を遺るること莫し」とは、意識的に「兼愛」に対抗したものとなる。⑧民興して行ふ――〈御注〉は、「人が心を起こして実行する」と解する。⑨好悪――この「好悪」は先王の好悪であり、勧善懲悪の「善悪」の意となる。⑩詩――『詩経』小雅・節南山の一句。〈御注〉は「赫赫は明らかに盛んなる貌なり。尹氏は太師と為り、周の三公なり。義は、大臣の君を助けて化を行はば、人皆な之れを瞻るに取るなり」と解説する。「三公」とは太師・太傅・太保をいい、天子を輔佐する大臣である。「瞻」は仰ぎ見る、望み見るの意。

三才章第七

（先生の言葉を聞き終わって、）

曾子が、「孝というのはとてつもなく大事なものなのですね」とお答えすると、先生はさらに言葉を続けられる。

「そもそも孝とは天の経すなわち天の恒常的な法則であり、地の義すなわち土地の生み出す利益であり、民の行すなわち人々の行動の規範です。つまり孝は天地の恒常性そのものであり、民はこれに則って常行とするのです。

天の明らかな恒常性に則り、地が産み出す利益に因循し、天下の民心に順う。そういうわけでその教化はことさらに厳粛にしなくても成り立ち、その政治はことさらに厳格にしなくても治まるのです。

先王は孝の教えによって民人を感化できることが分かっていた。それゆえまず博愛を教えることによって、民は自分の親を愛することを忘れることはなかったのです。さらに徳義の美点を説明することによって、民は感動して実行に移したのです。またまず敬愛と謙譲とを教えることによって、民は争うことはなくなったのです。さらに礼儀と音楽とを用いて指導することによって、民はおだやかに睦み合うようになり、先王の好悪すなわち善悪を示すことによって、民は禁令の存在を知ったのです。

『詩』にこんな文句がありますね。

『赫赫たる師尹、民具に爾を瞻る（明るく勢いの盛んな太師の尹氏よ、民はひとしくあなたを仰ぎ見ている）』」と」。

【補説】

天子より庶人に至るまでの「孝」のありかたを説明した後、本章では開宗明義章第一に次いで曾子が登場し、その感嘆の語を挟んで、さらに「孝」の普遍性、すなわち「孝」が天・地・人の三才を貫くものであること、そしてそれに基づく政治、すなわち「孝治」について説明する。ここから新たな展開を見せるのである。

夫孝、天之經也、
地之義也、
民之行也。

天地之經、而民是則之。
　則天之明、
　因地之利、
　以順天下。
是以其教不肅而成、
　其政不嚴而治。
先王見教之可以化民也。
是故先之以博愛、而民莫遺其親。
　陳之以德義、而民興行。
　先之以敬讓、而民不爭。
　導之以禮樂、而民和睦。
　示之以好惡、而民知禁。

ただ「是故」以下の文章は、直接「孝」に関わるものではない。「孝」↓「教」・「政」↓「教化」、そして「博愛」・「徳義」・「敬譲」・「礼楽」・「好悪」という展開である。

「**夫れ孝は天の経なり**」について。従来指摘されてきたように、この一節は、『春秋左氏伝』（略して『左伝』という。）昭公二十五年の条で鄭の子大叔なる人物が、名宰相子産から聞いたこととして、「礼」の意義について語る言葉にほぼ一致する。

夫禮、天之經也、地之義也、民之行也。天地之經、而民實則之。則天之明、因地之性、生其六氣、用其五行。（『左伝』）

夫孝、天之經也、地之義也、民之行也。天地之經、而民是則之。則天之明、因地之理、以順天下。（『孝経』）

『左伝』の「實」字は「寔」字に通じる。そして『孝経』が「是」字に作ることからすると、「實」→「寔」→「是」という展開が予想され、『左伝』の文章の方が先行するように思われるのである。『左伝』先行説については、古くは朱熹『孝経刊誤』が指摘し、近代になってからは武内義雄氏が朱熹説を支持し（『武内義雄全集』巻一所収「孝経研究」一九七八年）、近人楊伯峻『春秋左伝注』（中華書局　一九八一年初版）では、清の梁履繩と周中孚との説を踏まえて、『孝経』三才章が『左伝』の語を襲い、「礼」を「孝」に改めたと断じている。ただ『孝経』における「孝治」とは「礼治」の別名でもあった。

なお注②でも言及したが、『孝経』は自ら「経書」を名乗った最初の書物だという指摘があるが、『易』や『詩』そして『書』が、それぞれ『易経』・『詩経』・『書経』と呼ばれるようになるのは、宋代以降のことである。『漢書』藝文志に、「孝経は、孔子 曾子の為に孝道を陳ぶるなり。夫れ孝は、天の経、地の義、民の行なり。大なる者を挙げて言ふ、故に孝経と曰ふ」と述べるのも、経書の意味に取ってはいない。

孝もて治むるの章第八

子曰はく、昔者明王の孝を以て天下を治むるや、敢へて小國の臣①を遺さず。而るを況んや公・侯・伯・子・男に於いてをや。故に萬國の懽心を得て、以て其の先王に事ふ。②國③を治むる者は敢へて鰥寡④を侮らず。而るを況んや士民に於いてをや。故に百姓の懽心を得て、以て其の先君に事ふ。家⑤を治むる者は敢へて臣妾⑥を失はず。而るを況んや妻子に於いてをや。故に人の懽心を得て、以て其の親に事ふ。夫れ然り⑦、故に生けるときには則ち親之に安んじ、祭るときには則ち鬼之を享く。⑧是を以て天下和平して、災害は生ぜず、禍亂は作らず。⑨故に明王の孝を以て天下を治

孝治章第八

子曰、昔者明王之以孝治天下也、不敢遺小國之臣。而況於公侯伯子男乎。故得萬國之懽心*、以事其先王。治國者、不敢侮於鰥寡。而況於士民乎。故得百姓之懽心、以事其先君。治家者、不敢失於臣妾**。而況於妻子乎。故得人之懽心、以事其親。夫然、故生則親安之、祭則鬼享之***。是以天下和平、災害不生、禍亂不作。故明王之以孝治天下也如此。

むるや此の如し。

《詩》⑩に云ふ、「覺なる德行有らば、四國之に順ふ」と。

詩云、有覺德行、四國順之。

* 懽心——開元本は「懽」字を「歡」字に作る。

** 臣妾——開元本は「妾」の下に「之心」の二字が有る。

*** 鬼享之——石台本は「享」字を「亨」字に作る。

①小國の臣——五等の諸侯の国々の臣下は、王（天子）の直接の臣下ではなく、諸侯を介しての臣下である。これを「倍臣」という。そして「小国の臣」とは公・侯・伯・子・男の諸侯の中でも子・男の諸侯の臣を指す。〈御注〉は、「小国の臣は至りて卑しき者なるのみ。王は尚之に接するに礼を以てす、況んや五等の諸侯に於いてをや。是れ広く敬するなり」と注釈する。②故に萬國の懽心を得て……——よろずの国々の「歓心」を得る、すなわち歓喜して心服する状態となり、その結果、諸侯が王都に参上して、「先王」（この場合は天子の祖先）の祭祀の際に、王を助けてお祭りすることをいう。③国——諸侯の国をいう。④鰥寡——「鰥」は老いて妻を亡くしたもの、「寡」は未亡人。「鰥寡」とは社会の弱者の象徴である。『尚書』康誥篇にも、「丕いに顕なる考文王、克く徳を明らかにし罰を慎み、敢へて鰥寡を侮らず」とある。〈御注〉は、「国を理むるは、諸侯を謂ふ」と注釈する。⑤家——「家庭」と解しても間違いではないが、ここでは卿大夫の「家邑」、すなわち卿大夫が諸侯から統治を委託された領邑と見なすべきであろう。〈御注〉は、「家を理むるは、卿大夫を謂ふ」と注釈する。⑥臣妾——下僕や奴婢。召使いの男女。⑦夫れ然り

――以上の通り、の意。⑧祭るときには則ち鬼之を享く――「鬼」は日本語の「おに」ではなく、亡くなった人の霊魂を意味する。「享く」とは、祖先の霊魂が祭祀のお供物を享受すること。⑨災害は生ぜず、禍乱は作らず――「災害」は天災、天変地異である自然災害、「禍乱」は人災、社会的混乱を意味する。⑩詩――『詩経』大雅・抑篇の一句。「覚」は大の意。

先生が仰った。

「その昔、明王すなわち賢明なる王が、孝を用いて天下を治められたときは、決して小国の臣下であってもなおざりにせず、礼儀を以て接した。ましてや公・侯・伯・子・男の五等の爵位を持った諸侯をなおざりにすることはなかった。それゆえに万国の諸侯は歓喜して心服し、先王の祭祀をお助けしたのです。(同様に)国を治める諸侯は、決して独り者や未亡人を軽んじ侮ることはしませんでした。ましてや士や民はなおさらのこと。それゆえ百姓すなわち領民は歓喜して心服し、先君の祭祀をお助けしたのです。(同様に)家邑を治める卿大夫は、決して家臣や下女の心服を失わないようにしました。ましてや妻子の場合はなおさらのこと。それゆえ人々は歓喜して心服し、自分の親を奉養したのです。孝治とは以上の通りです。それゆえ存命中の親は、安心して暮らしてゆけ、亡くなった後の祭祀においいて、鬼神すなわち祖霊はその祭祀を享受されたのです。

そういうわけで、天下に平和が保たれ、災害は起こらず、反乱も起こらなかった。つまり明王が孝を用いて天下を治められたそのありようは、このようであったのです。

『詩』にこんな文句がありますね。
『覚なる徳行有らば、四国之に順ふ〔偉大なる徳の実行があれば、四方の国々はこれに則り順う〕』と」。

【補説】

本章は三才章第七を承けて、「孝」による政治すなわち「孝治」の効用を説く。冒頭と終末に「明王之以孝治天下也」という一句が有って、よくまとまった一章である。前半で「天下」・「国」・「家」の三段階に分けて説明するが、重点は天下を治める「明王」に在る。現前の天子に要請するためには、その祖先である先王・明王の権威を借りる必要が有ったのである。後半で祖先祭祀に言及するのは、そのためであった。そしてこれは後の応感章第十六に続くのであろう。

昔者明王之以孝治天下也、不敢遺小國之臣、而況於公侯伯子男乎。
故得萬國之懽心、以事其先王。
治國者、不敢侮於鰥寡、而況於士民乎。
故得百姓之懽心、以事其先君。
治家者、不敢失於臣妾、而況於妻子乎。
故得　人之懽心、以事其親。

夫然。故生則親安之、
祭則鬼享之。
是以天下和平、災害不生、
禍亂不作。
故明王之以孝治天下也、如此。

聖の治むるの章第九

曾子曰はく、「敢(あ)へて問ふ、聖人の徳、以て孝に加ふるもの無きか」と。子曰はく、「天地の性(せい)、人を貴(たっと)しと為す。①人の行(こう)、孝より大なるは莫(な)し。孝は父を嚴(たっと)ぶより大なるは莫(な)し。②父を嚴ぶは天に配(はい)するより大なるは莫し。③則(すなわ)ち周(しゅう)公(こう)④其の人なり。昔者(むかし)周公后稷(こうしょく)④を郊祀(こうし)⑤して以て天に配(はい)し、文王(ぶんおう)④を明堂(めいどう)⑤に宗祀(そうし)⑤して、以て上帝(じょうてい)に配す。是(ここ)を以て四海(しかい)の

聖治章第九

曾子曰、敢問、聖人之德、無以加於孝乎。子曰、天地之性、人爲貴。人之行、莫大於孝。孝莫大於嚴父。嚴父莫大於配天。則周公其人也。昔者周公郊祀后稷以配天、宗祀文王於明堂、

内、各おの其の職を以て來たり祭る。夫れ聖人の德、又た何を以て孝に加へんや。

故に親しみ之を膝下に生じ、⑥以て父母を養ひて日に嚴ぶ。聖人嚴ぶに因りて以て敬を教へ、親しむに因りて以て愛を教ふ。聖人の教への、肅ならずして成り、其の政の嚴ならずして治まるは、其の因る所の者本なればなり。

父子の道は天性なり、君臣の義なり。⑦父母之を生じ、續くること焉より大なるは莫し。君親しみて之に臨む、⑧厚きこと焉より重きは莫し。故に其の親を愛せずして、⑨他人を愛する者、之を悖德と謂ふ。其の親を敬せずして、他人を敬する者、之を悖禮と謂ふ。

順を以てせば則り、⑩逆ならば民は則ること無し。善に在らずして、皆な凶德に在り。⑪之を得と雖も、君子は貴ばざるなり。君子は則ち然らず。言は道ふべきを思ひ、行

以配上帝。是以四海之內、各以其職來祭。夫聖人之德、又何以加於孝乎。

故親生之膝下、以養父母日嚴。聖人因嚴以教敬、因親以教愛。聖人之教、不肅而成、其政不嚴而治、其所因者本也。

父子之道天性也、君臣之義也。父母生之、續莫大焉。君親臨之、厚莫重焉。故不愛其親而愛他人者、謂之悖德。不敬其親而敬他人者、謂之悖禮。

以順則、逆民無則焉。不*在於善、而皆在**於凶德。雖***得之、君子不貴也。君子則

は樂しむべきを思ふ。徳義尊ぶべく、作事法るべし。容止観るべく、進退度とすべし。⑫以て其の民に臨む、⑬是を以て其の民は畏れて之を愛し、則りて之に象る。故に能く其の徳教を成して、其の政令を行ふ。⑭《詩》⑮に云ふ、『淑人君子、其の儀忒はず』」と。

不然。言思可道、行思可樂。徳義可尊、作事可法。容止可観、進退可度。以臨其民、是以其民畏而愛之、則而象之。故能成其徳教、而行其政令。詩云、淑人君子、其儀不忒。

＊　不在――開元本は「在」字を「居」字に作る。

＊＊　在於凶徳――開元本には「於」字が無い。

＊＊＊　雖得之――開元本は「之」字の上に「志」字が有る。

①天地の性、人を貴しと爲す――「性」は「生」に同じ。天地の間に生を受けたものの中で、人が最も貴い。人を天・地に並べて「三才」と称する所以である。開宗明義章第一の補説でも引用した『礼記』祭義篇を再度引用する。「曾子これを夫子〔孔子〕に聞く。曰はく、天の生ずる所、地の養ふ所、人より大なるは無し、と」。　②孝は父を嚴ぶより大なるは莫し――「厳」は尊厳、尊ぶ、厳粛にするの意。〈御注〉に、「万物は始を乾に資り、人倫は父に資りて天と為す。故に孝行の大、其の父を尊厳するに過ぐるは莫きなり」と言う。この〈御注〉の冒頭部分は、『周易』乾卦「彖伝」の「大なるかな乾元。萬物資りて始む」に基づく。

③父を嚴ぶは天に配するより大なるは莫し――「配」とは主として祭祀するものに配置して（合わせて）祀ることで、「配天」とは天を祭祀するのに合わせて父を祭祀するということ。④周公・后稷・文王――先ず「后稷」は周の始祖。周は「文王」・武王の二代をかけて、殷王朝を倒して周王朝を建てたが、ほどなくして武王は亡くなり、後を継いだ成王が幼少であったため、武王の弟である「周公」旦が摂政となり、実質的に周王朝の政治・文化の基礎を作ったとされる。孔子がこの周公を最も尊敬したことは『論語』に明らかである。

后稷……文王┬武王――成王
　　　　　　└周公――伯禽（魯の開祖）　魯は孔子の祖国

⑤郊祀・明堂・宗祀――「郊祀」は王宮の南の郊外の円丘で天を祀ること。ただし天を祀ることは秦漢以後は天子の特権となった。「明堂」は天子の政庁。「宗祀」は宗廟で祖先を祭祀すること。〈御注〉に、「后稷は周の始祖なり。郊は円丘に天を祀るを謂ふなり。周公 摂政し、郊天の祭を行ふに因りて、乃ち始祖を尊びて、以て之れに配するなり。明堂は天子の政を布くの宮なり。周公 五方の上帝を明堂に祀るに因りて、乃ち文王を尊びて以て之れに配するなり」と解説する。⑥故に親しみ之を膝下に生じ……――〈御注〉に、「親は猶ほ愛のごときなり。膝下〔ひざもと〕は孩幼〔幼少〕の時を謂ふなり。言ふこころは親愛の心は孩幼より生じ、年長に及ぶ比ひに、漸く義方〔父母の教え〕を識らば、則ち日に尊厳を加へ、能く敬を父母に致すなり」と説明する。⑦父子の道は天性なり、君臣の義なり――この一句は難解で、多様な解釈が存

在するが、ここでは〈御注〉の、「父子の道は、天性の常、加ふるに尊厳を以てして、又た君臣の義有り」という解釈に従った。なお古文『孝経』では、ここから章を改め、「子曰」を冠して、父母生績章と命名する。確かに今文『孝経』では聖治章が他の章に比べて長文であり、内容からしても、これ以下を別章にした方が妥当であるのかもしれない。⑧君親しみて之に臨む……――ここの「君」は、〈御注〉に従って「父〔ちちぎみ〕」と解する。⑨故に其の親を愛せずして……――古文『孝経』では、「故曰」を「子曰」に作り、ここからを孝優劣章と命名するが、そうすると上の父母生績章があまりに短い。⑩順を以てせば則り、逆ならば民は則ること無し――この一句も難解である。〈御注〉に拠れば、「以順則、逆民無則焉」という不自然な句読を施すことになるが、一応これに従う。〈御注〉に、「教へを行ふには人心に順ふを以てす。今自ら之れに逆はば、則ち下は法則とする所無きなり」と解説する。⑪善に在らずして、皆な凶徳に在り……――〈御注〉に、「善は身に愛・敬を行ふを謂ふなり。凶は其の徳・礼に悖るを謂ふなり。言ふこころは其の徳・礼に悖らば、人の上に志を得たりと雖も、君子の貴ばざるものなり」とある。⑫容止観るべく、進退度とすべし――〈御注〉に、「容止は威儀なり。必ず規矩〔規範〕に合せば、則ち観るべきなり。進退は動静なり。礼法を越えずんば、則ち度とすべきなり」と解説する。なお、ここまでの文章は、『左伝』襄公三十一年の条に見える北宮文子の言葉「故君子在位可畏、施舎可愛、進退可度、周旋可則、容止可観、作事可法、徳行可象、聲氣可樂。動作有文、言語有章、以臨其下、謂之有威儀也」に近似している。⑬以て其の民に臨む……――〈御注〉に、「君六事を行い、其の人に臨撫〔臨んで治める〕せば、則ち下は其の威を畏れ、其の徳を愛し、皆な君に放象〔ならう〕するなり」とある。⑭故に能く其の徳教を成して、其の政令を行ふ――〈御注〉に、「上 身を正して以て下を率ゐ、下 上に順ひて之れに法らば、則ち徳教は成り、政令は行はるるなり」とある。⑮詩――『詩経』「曹風」鳲鳩篇の一句。「淑」は善、「忒」は差〔たがう〕の意。

曾子がさらに質問する。

「思い切ってお聞きします。聖人が教える徳について、孝の徳につけ加えるべきものがありましょうか」と。

先生がお答えになった。

「天地の間に生命を受けたもののうちで、人間が最も貴い。その人間の行為のうちで、孝より大事なものはない。その孝のうちで、父を尊んで厳粛にするほど大事なものはない。その父を尊んで厳粛にするには、父を天に並べ配して祭るより大事なものはない。それを実行されたのが、周公その人です。

その昔、周公は（周の始祖である）后稷を郊外で祭祀した際、天に並べて配置され、（父の）文王を明堂で祭祀した際、上帝に並べて配置されたものです。そういうわけで、四方の果ての国々まで含めた諸侯は、おのおのその職分に応じて来貢し、王の祭祀を助けたものでした。そもそも聖人が教える徳として、孝の上にさらに何を加えましょうか。（加えるものは何もありません。）

それゆえ親しみの感情は父母の膝元にいる時に生まれ、成長した後は父母を奉養して日に日に尊ぶのです。聖人はその尊ぶということに基づいて敬を教え、親しむということに基づいて愛を教えられたのです。だから聖人の教えが、ことさらに厳粛にしなくても成り立ち、その政治がことさらに厳格にしなくても治まるのは、その基づくものが根本の孝にあるからです。

父子の道は天性のものであり、（これに尊厳を加えると）君臣の義となります。

父母が子を生み、その身体を相い伝えてゆくこと、これより大事なものはありません。父君が親しんで子に臨む、その恩義の厚いこと、これより重要なものはありません。

だから自身の親を愛さないで、他人を愛すること、これを悖徳すなわち人として徳に悖るといいます。自身の親を敬しないで、他人を敬すること、これを悖礼すなわち人として礼に悖るといいます。

教えが人心に順うならば人は則り、これに逆らうと人は則ることがなくなります。人が愛・敬という善行に拠らず、すべて徳・礼に悖る凶徳に身を置いている。だから人の上に立って志を得たとしても、君子は尊ばないのです。

君子はそうではありません。言葉は言うべきかどうかを思案して言い、行動は人が楽しむかどうかを思案して行います。だからその徳義は尊重され、その事業は法則とされ、その起ち居振る舞いは注目され、その出処進退は法度とされるのです。

こうした態度で民に臨むので、民は畏敬して愛し、手本として模倣します。それゆえその徳教を成就し、その政令は実行されるのです。

『詩』にこんな文句がありますね。

『淑人君子、其の儀忒はず〔善人である君子は、その威儀が法度に違うことがない〕』と」。

【補説】

開宗明義章第一・士章第五に次いで三度目の曾子の登場であり、ここからまた新たな展開となる。そして本章は最も長文の章となっている。先ず最初に曾子が「孝」に加えるべきものがあるのかと質問したのにに対し、孔子は「孝」以上のものはないと答える。そしてその「孝」のうちでも、父を天に配して祭ることが最高の「孝」であって、それを実行したのが周公だという。

次いで、「親―愛」・「厳―敬」に基づく孝治は、「粛ならず、厳ならず」して成り治まるという、法家批判の言葉が再び発せられる。続けて、「父子之道」と「君臣之義」とが一致させられ、また「愛」と「敬」とが再び「親」のもとに収束させられるのである。

さらにこれに続く後半部分は文章が難解で、あるいは文章に乱れが有るのかもしれない。そういうことも一因であろうか、朱子『孝経刊誤』は、「以順則逆」以下を「刊」っている。

なお古文『孝経』はこの部分を「以訓則昏、民亡則焉。不宅於善、而皆在於凶德。雖得志、君子弗従也（以て訓ふれば則ち昏く、民は焉に則ること亡し。善に宅らずして、皆な凶徳に在り。志を得と雖も、君子は従はざるなり）」に作り、今文とはかなり文字の異同がある。ちなみに『左伝』文公十八年の条の季文子の言葉の中に見える「以訓則昏、民無則焉。不度於善、而皆在於凶德。是以去之」という一節は、古文『孝経』が依拠した可能性が高いであろう。

孝行を紀(しる)すの章第十

子曰はく、「孝子(こうし)の 親に事(つか)ふるや、居(きょ)には則ち其の敬を致(いた)し、養(やしな)ひには則ち其の樂しみを致し、病(やまい)には則ち其の憂(うれい)を致し、喪(そう)には則ち其の哀(あい)を致し、祭には則ち其の嚴(げん)を致す。五者備はりて、然る後に能く親に事ふ。

親に事ふる者は、上に居りては驕(おご)らず、下と爲(な)りては亂(みだ)さず、醜(しゅう)に在(あ)りては爭はず。① 上に居りて驕らば則ち亡(ほろ)び、下と爲りて亂さば則ち刑(けい)せられ、醜に在りて爭はば則ち兵(へい)せらる。② 三者をば除(のぞ)かずんば、日(ひび)に三牲(さんせい)の養(よう)③を用(もち)ふと雖(いえど)も、猶(な)ほ不孝と爲すなり」と。

紀孝行章第十

子曰、孝子之事親也、居則致其敬、養則致其樂、病則致其憂、喪則致其哀、祭則致其嚴。五者備矣、然後能事親。

事親者、居上不驕、爲下不亂、在醜不爭。居上而驕則亡、爲下而亂則刑、在醜而爭則兵。三者不除、雖日用三牲之養、猶爲不孝也。

①醜(しゅう)に在(あ)りては爭はず――〈御注〉に、「醜は衆なり。争は競なり。当(まさ)に和順して以て衆に従ふべきなり」

と注釈する。②兵――「兵」は兵隊ではなく、武器を意味する。③三牲の養――「三牲」とはお供えする三種の犠牲の動物、牛・羊・豕（豚）のこと。この三種が揃ったものを「大牢」という。

先生が仰った。

「孝子が親にお仕えする態度について、家庭に居るときには親に敬意を尽くし、養生するときには親の楽しみを尽くし、親が病気のときには充分に心を配り、亡き親の喪に服するときは哀しみを尽くし、亡き親の御霊をお祭りするときには厳粛に行う。以上の五者が備わってこそ、はじめて親にお仕えすることができたと言えるのです。

このようによく親にお仕えする者は、上位に在ってもおごり高ぶることがなく、下位に在っても秩序を乱すことがなく、衆人のなかに在っても争うことがありません。上位に在っておごり高ぶるなら、その地位を失い、下位に在って秩序を乱すなら、刑罰を受け、衆人のなかに在って争うなら、刃傷沙汰になります。

以上の三者を除かなければ、いくら毎日、親に三牲すなわち牛・羊・豚の豪華な食事を提供しようとも、やはり不孝と言わねばなりません」。

【補説】

本章は「孝」の在り方を、家庭の内に在って親にお仕えする態度と、外部の社会に対する態度との両面から説明したもので、よくまとまった一章である。ただ分析的に見るなら、「事親」を主題とする二つの文章〔五者・三者〕をあわせた感がする。

子曰、孝子之事親也、居則致其敬、
養則致其樂、
病則致其憂、
喪則致其哀、
祭則致其嚴、
五者備矣、然後能事親。
事親者、居上不驕、居上而驕則亡。
爲下不亂、爲下而亂則刑。
在醜不爭。在醜而爭則兵。
三者不除、雖日用三牲之養、猶爲不孝也。

五刑の章第十一

子曰はく、「五刑の屬三千、①而して罪は不孝より大なるは莫し。君を要する者②は上を無みし、聖人を非とする者は法を無みし、孝を非とする者は親を無みするにて、此れ大亂の道なり」と。

五刑章第十一

子曰、五刑之屬三千、而罪莫大於不孝。要君者無上、非聖人者無法、非孝者無親、此大亂之道也。

①五刑の屬三千――「五刑」とは墨・劓・剕・宮・大辟をいう。墨は入れ墨刑、劓は鼻切り刑、剕は刖ともいい、足切り刑、宮は男女の生殖器を使えなくする刑、大辟は死刑。いずれも「身體髪膚」を毀傷するものである。②君を要する――「要」とは強要すること。脅かすこと。

先生が仰った。

「刑罰には大きく五つあり、その細目は三千にものぼるが、その中でも不孝に勝る罪はありません。君に対して強要するのは、お上をないがしろにすることであり、聖人を非難するのは、聖人の定めた礼法をないがしろにすることであり、孝を非難するのは、親をないがしろにすることであり、これこそ大乱といわねばなりません」。

【補説】

本章は前章の最後の「不孝」から尻取り式に展開させたもので、「五刑」（刑罰）そのものにはあまり深い意味を求める必要はない。前章に付加されたものであろう。また後半の三句対の三句目が「不孝」ではなく「非孝」であることも、それを物語るかのようである。

子曰、五刑之屬三千、而罪莫大於不孝。

要君者無上、
非聖人者無法、　此大亂之道也。
非孝者無親、

五刑章第十一

要道を廣むるの章第十二①

子曰はく、「民に親愛を教ふるは、孝より善きは莫し。民に禮順を教ふるは、悌より善きは莫し。風を移し俗を易ふるは、樂より善きは莫し。② 上を安んじ民を治むるは、禮より善きは莫し。③ 禮なる者は敬のみ。故に其の父を敬せば、則ち子悦ぶ。其の兄を敬せば、則ち弟悦ぶ。其の君を敬せば、則ち臣悦ぶ。一人を敬して千萬人悦ぶ。敬する所の者は寡くして、悦ぶ者は衆し。此れを之要道と謂ふなり」と。

廣要道章第十二

子曰、教民親愛、莫善於孝。教民禮順、莫善於悌。移風易俗、莫善於樂。安上治民、莫善於禮。禮者敬而已矣。故敬其父、則子悦。敬其兄、則弟悦。敬其君、則臣悦。敬一人而千萬人悦。所敬者寡而悦者衆。此之謂要道也。

①要道を廣む――開宗明義章第一に見える「要道」を詳述するの意。 ②風を移し俗を易ふるは、樂より善きは莫し――原文「移風易俗」は互文で、「移易風俗」すなわち「風俗を移し易える」の意。『礼記』楽記篇に、「楽なる者は、聖人の楽しむ所なり。而して以て民心を善くすべし。其れ人を感ぜしむること深く、其れ風を移し俗を易ふ。故に先王 其の教へを著す」とある。この場合の「楽」は娯楽としての音楽ではなく、儀式の際に演奏する雅楽である。「礼楽」と熟して用いられるように、以下の文章の中心は「礼」へと

展開する。　③上を安んじ民を治むるは、禮より善きは莫し――〈御注〉は、「礼は君臣・父子の別を正し、男女・長幼の序を明らかにする所以なり、故に以て上を安んじ下を化すべきなり」と解説する。『礼記』経解篇に、「孔子曰はく、上を安んじ民を治むるは、礼より善きは莫しとは、此れをこれ謂ふなり」とある。

先生が仰った。

「民に親愛の情を教えるのに、孝より適切なものはありません。民に礼に順うことを教えるのに、悌より適切なものはありません。世の中の風俗を移し変えるのに、楽より適切なものはありません。お上を安心させ下民を治めるのに、礼より適切なものはありません。

　その礼とは、敬が全てです。

　それゆえある人の父を敬すると、その子どもは悦びます。ある人の兄を敬すると、その弟たちは悦びます。ある人の君を敬すると、その臣下は悦びます。このように、一人〔父・兄・君〕を敬すると千万人〔子・弟・臣〕が悦ぶことになるのです。つまり敬する対象は少ないけれども、悦ぶ者は多いというわけで、これこそが『要道』ということなのです」。

【補説】

本章は注①に述べたように、開宗明義章第一に見える「要道」を詳述するものであるが、「孝」に関わるのは最初の一句のみで、むしろ後半の「礼なる者は敬のみ」に重点が置かれている。すなわち「安上治民、莫善於禮」

から尻取り式に「禮者敬而已矣」に続き、さらに「敬」の対象へと移行する。「禮樂」を「樂禮」に入れ替えたのは、そのためであろう。天子による「孝治」は、別の言い方をすれば、「敬」に裏打ちされた「礼治」である。

子曰、教民親愛、莫善於孝。
教民禮順、莫善於悌。
移風易俗、莫善於樂。
安上治民、莫善於禮。
禮者敬而已矣。故敬其父、則子悦。
敬其兄、則弟悦。
敬其君、則臣悦。
敬一人而千萬人悦。
所敬者寡而悦者衆。
此之謂要道也。

至德を廣むる①の章第十三

子曰はく、「君子の教ふるに孝を以てするや、家ごとに至りて日ごとに之(これ)を見るには非ざるなり。②教ふるに孝を以てするは、天下の人の父爲(た)る者を敬する所以なり。教ふるに悌(てい)を以てするは、天下の人の兄爲る者を敬する所以なり。教ふるに臣を以てするは、天下の人の君爲る者を敬する所以なり。

《詩》③に云ふ、『愷悌(がいてい)の君子は、民の父母』と。

至德に非ずんば、其れ孰(たれ)か能(よ)く民に順ふこと、此(かく)の如く其れ大なる者ならんや」と。

廣至德章第十三

子曰、君子之教以孝也、非家至而日見之也。教以孝、所以敬天下之爲人父者也。教以悌、所以敬天下之爲人兄者也。教以臣、所以敬天下之爲人君者也。

詩云、愷悌君子、民之父母。

非至德、其孰能順民、如此其大者乎。

①至德を廣む——本章も開宗明義章第一に見える「至德」を詳述したもの。②家ごとに至りて……——〈御注〉に、「教えは必ずしも各家ごとに到り、各戸ごとに至り、毎日に見て人々に語って聞かせるわけではない。孝を内に実行するなら、その教化はおのずと外に流れ出るものなのだ」と説明する。『礼記』

郷飲酒義篇にも、「君子の謂はゆる孝とは、家ごとに至りて日ごとに之れに見るに非ざるなり」とある。

③詩――『詩経』大雅・泂酌の篇の一句。〈御注〉に、「愷は楽〔たのしむ〕、悌は易〔やすらか〕の意。『詩』は、君主が楽易の道を以て人を教化するなら、天下の蒼生〔万民〕の父母となり得ることを言ったものである」と解説する。

先生が仰った。

「君子が孝を教えるその方法は、各おの家ごとに出かけていき、日ごとに会って教えたわけではありません。

孝を教えるのは、天下にいる人の父となる者を敬するようにさせるためです。悌を教えるのは、天下にいる人の兄〔年長者〕となる者を敬するようにさせるためです。臣〔道〕を教えるのは、天下にいる人の君となる者を敬するようにさせるためです。

『詩』にこんな文句がありますね。

『愷悌の君子は、民の父母〔楽しく優しく教える君子は、まさしく民の父母ともいえるお方〕』と。

至徳の孝でなければ、誰が民心に順うこと、これほどまでに大きなものでありえましょうか」と。

【補説】

本章も前章と同様に、開宗明義章に見える「至徳」を詳述したもの。そしてここでも「敬」に重点が置かれており、前章の「父」・「兄」・「君」が本章の「孝」・「悌」・「臣」に対応している。ただこの章だけ、『詩』の引用が最後に配置されていない。或いはこれは後次の追加であろうか。

子曰、君子之教以孝也、非家至而日見也。
教以孝、所以敬天下之爲人父者也。
教以悌、所以敬天下之爲人兄者也。
教以臣、所以敬天下之爲人君者也。
詩云「愷悌君子、民之父母」。
非至德、其孰能順民、如此其大者乎。

揚名を廣むるの章第十四①

子曰はく、「君子の親に事（つか）ふるや孝、故に忠君に移すべし。②兄に事ふるや悌（てい）、故に順（じゅん）長に移すべし。家に居（お）りて

廣揚名章第十四

子曰、君子之事親孝、故忠可移於君。事兄悌、故順可移於長。居家理、故

理む、故に治官に移すべし。是を以て行内に成りて、名後世に立つ」と。

治可移於官。是以行成於内、而名立於後世矣。

＊　名立於後世矣——開元本には「於」字が無い。

①揚名を廣む——本章も開宗明義章第一に見える「立身行道、揚名於後世、以顯父母、孝之終也（身を立て道を行ひ、名を後世に揚げて、以て父母を顯かにするは、孝の終りなり）」を「揚名」二字に集約して、これを解説したものである。②君子の親に事ふるや孝、故に忠君に移すべし——士章第五では「故に孝を以て君に事へば則ち忠なり」とあり、その〈御注〉では、本章のこの一句を用いて、「父に事ふる孝を移して以て君に事へば、則ち忠と為るなり」と説明していた（注③参照）。『孝経』の主題は「孝」から「忠」への「移」行である。

先生が仰った。

「君子が孝を以て親にお仕えする、その孝を移して君にお仕えすること、それが忠なのです。悌を以て兄にお仕えする、その悌を移して年長者にお仕えすること、それが順なのです。君子が家に居てよく家を治める、それゆえその治め方は官に移すことができるのです。こういうわけで、行動が家庭の内に成就すると、『名声が後世まで伝わる』のです」。

【補説】

本章までの三章は、開宗明義章の補足説明であった。そして本章のキーワードは「移」である。天子以下の身分に応じた「五孝」を説き来たり、最後部の士章において、孝から忠への移行を説いたように、開宗明義章の「要道」・「至徳」・「揚名」を詳述した後、本章でもやはり孝から忠への移行を説いて一区切りをつけるのである。

本章では孝→忠、悌→順、家→官というように移行する。

子曰、君子之事親孝、故忠可移於君。
事兄悌、故順可移於長。
居家理、故治可移於官。
是以行成於内、
而名立於後世矣。

諫争（かんそう）①の章第十五

曾子曰はく、「夫（か）の慈愛（じあい）・恭敬（きょうけい）、親を安（やす）んじ名を揚（あ）ぐるが

諫争章第十五*

曾子曰、若夫慈愛・恭敬、

若きは、則ち命を聞けり。敢へて問ふ、子 父の令に従ふは、孝と謂ふべきか」と。

子曰はく、「是れ何の言ぞや、是れ何の言ぞや。② 昔者 天子に争臣七人有れば、③ 無道と雖も、天下を失はず。諸侯に争臣五人有れば、無道と雖も、其の國を失はず。大夫に争臣三人有れば、無道と雖も、其の家を失はず。士に争友有れば、則ち身は令名を離れず。④ 父に争子有れば、則ち身 不義に陷らず。故に不義に當たりては、則ち子は以て父に争はざるべからず。臣は以て君に争はざるべからず。故に不義に當たりては、則ち之に争ふ。父の令に従ふのみなるは、又た焉んぞ孝と爲すを得んや」と。

＊ 諫争――阮元校勘記に従い、「諍」字を「争」字に改める。

＊＊ 身――開元本には「身」字が無い。

安親・揚名、則聞命矣。敢問、子従父之令、可謂孝乎。子曰、是何言與、是何言與。昔者天子有争臣七人、雖無道、不失天下。諸侯有争臣五人、雖無道、不失其國。大夫有争臣三人、雖無道、不失其家。士有争友、則身不離於令名。父有争子、則身＊＊不陷於不義。故當不義、則子不可以不争於父。臣不可以不争於君。故當不義、則争之。従父之令、又焉得爲孝乎。

①諫争――「いさめあらそう」の意で、上位の者の非に対して忠告すること。②是れ何の言ぞや――〈御注〉が、「父に非があってもそのまま従い、結果として父の不義を成就させてしまうのは、道理として許されないことである。そのためこの言葉を繰り返したのである」と解説するように、君のみならず父の不義に対しても、諫争すべきだというのが本章の、というよりは『孝経』の主張である。『孝経』の思想史的位置を暗示するものであろう。③昔者天子に争臣七人有れば……――〈御注〉に、「降殺するに両を以てするは、尊卑の差なり。争は諫を謂ふなり。言ふこころは無道と雖も、争臣有るが為に、則ち終に天下を失ひ家国を亡ぼすには至らざるなり」と述べる。「降殺するに両を以てす」とは、七人（天子）・五人（諸侯）・三人（大夫）というように「二」ずつ人数を減らしていくということ。身分による礼制上の数の規定にはこういった例が多い。卿大夫章第四の注①で紹介した「天子七廟、諸侯五廟、大夫三廟、士一廟」（『礼記』王制篇）を参照。④士に争友有れば、則ち身は令名を離れず――「士有争友一人」とならなかったのは、後文「父有争子」に合わせるためであろうか。〈御注〉に、「令は善なり。益する者に三友あり。言ふこころは忠告を受く、故に其の善名を失はず」とある。なお〈御注〉の「益する者に三友あり」とは、『論語』季氏篇の「直を友とし、諒を友とし、多聞を友とするは、益なり」を踏まえる。

諫争章第十五

（先生の言葉を聞き終わって、）

曾子が、「あの慈愛と恭敬、さらに親を安心させ、名を後世に揚げるといったことについては、充分にご説明を受けました。そこで思い切ってお尋ねします。子が父の命令にすべて従うこと、これを孝ということができましょうか」とお尋ねになると、先生がお答えになる。

「これはまた何という言葉ですか。これはまた何という言葉ですか。

その昔、天子に争臣（そうしん）が七人もいたので、たとい天子に無道な振る舞いがあっても、天下を失うことはありませんでした。諸侯に争臣が五人もいたので、たとい諸侯に無道な振る舞いがあっても、その国を失うことはありませんでした。大夫に争臣が三人もいたので、たとい大夫に無道な振る舞いがあっても、その家邑（かゆう）〔大夫の治める領地〕を失うことはありませんでした。士にも争友（そうゆう）がいたので、その身から良い評判が離れることはなかったのです。父にも争子（そうし）いたので、父親自身が不義に陥ることはなかったのです。

それゆえ父の不義に対しては、子は父を諫め争わなければなりません。君の不義に対しては、臣は君を諫め争わなければなりません。つまり不義に対しては、諫争しなければならないのです。父の命令に従うばかりでは、どうして孝となしえましょうか」。


【補説】


本章は注①で述べたように、『孝経』の特徴的主張を示すものである。つまり最後の一文「父の令に従ふのみなるは、又（ま）た焉（いずく）んぞ孝と為すを得んや」というのが『孝経』の主張であった。首尾一貫してまとまりの有る一章である。

さて冒頭で曾子が、父親の命令には無批判に従うべきなのか、と質問したのには理由がある。なぜなら『礼記』

曲礼下篇に、「人臣たるの礼、顕かには諫めず。三たび諫むれども聴かれざるときは、則ち之を逃る。子の親に事ふるや、三たび諫むれども聴かれざるときは、則ち号泣して之に随ふ」という、君臣関係と父子関係とを対照した有名な一節が存在するからである。つまり非血縁関係である君臣関係は解消することができるが、血縁関係である父子関係は解消不能であって、父の命令には必ず服従しなければならない、というのが孔子以来の儒家の伝統的な考え方であった。

『論語』にも、「子曰はく、父母に事へては幾くに〔おだやかに〕諫め、志の従はざるを見ては、又た敬して違はず、労して〔骨を折っても〕怨みず」（里仁篇）とあり、また「父は子の為に〔その悪事を〕隠し、子は父の為に隠す」（子路篇）べきものだと主張するからである。〈御注〉の、「父に事ふるに隠すこと有りて犯すこと無く、又た敬して違はず。故に疑ひて之を問ふ」という注釈は、以上の『論語』の文章と、『礼記』檀弓上篇「事父有隠而無犯〔父の悪事は隠すものであり、父の顔色にかまわず諫める、ということはしない〕」の文章とを踏まえたものであった。かくして『孝経』は父の権威を相対化することを代償に、実は「孝」によって君の権威を抑制しようとしたのである。次の応感章も同様である。

なお注目すべきは、本章が『荀子』子道篇の一節と類似していることである。参考までに本章の分析に合わせて、『荀子』を対照させてみよう。果たして本章が先行するのであろうか。あるいはその逆であろうか。

『孝経』	『荀子』
曾子曰、若夫慈愛・恭敬、	魯哀公問於孔子曰、子従父命孝乎。臣従君命貞乎。

安親・揚名、則聞命矣。

敢問子從父之令、可謂孝乎。

子曰、是何言與。是何言與。

昔者天子有爭臣七人、雖無道不失天下。

諸侯有爭臣五人、雖無道不失其國。

大夫有爭臣三人、雖無道不失其家。

士有爭友、則身不離於令名。

父有爭子、則身不陷於不義。

故當不義、則子不可以不爭於父。

臣不可以不爭於君。

故當不義、則爭之。

從父之令、又焉得爲孝乎。

（中略）

子貢曰、子從父命孝矣。臣從君命貞矣。

孔子曰、小人哉。賜不識也。

昔萬乘之國、有爭臣四人、則封疆不削。

千乘之國、有爭臣三人、則社稷不危。

百乘之家、有爭臣二人、則宗廟不毀。

父有爭子、不行無禮。

士有爭友、不爲不義。

故子從父、奚子孝。

臣從君、奚臣貞。

審其所以從之之謂孝、

之謂貞也。

相違点を二つほど指摘しておくなら、先ず『荀子』では孝（父）と貞（君）との二本立てであるのに対し、『孝経』では孝で統一されており、整理された感がする。また『荀子』では「万乗の国」（諸侯の中の大国）であって、「天子」・「天下」ではない。『荀子』とは異なり、『孝経』の視線の先には常に「天子」・「天下」がある。

應感せしむるの章第十六①

子曰はく、「昔者明王父に事ふるに孝②、故に天に事ふるに明なり。母に事ふるに孝、故に地に事ふるに察なり。長幼順なり、故に上下治まる。天地に明・察ならば、神明彰る。③

故に天子と雖も必ず尊有るなり④とは、父有るを言ふなり。必ず先有るなりとは、兄有るを言ふなり。宗廟に敬を致すは、親を忘れざるなり。身を脩め行ひを愼むは、先を辱むるを恐るればなり。

宗廟に敬を致さば、鬼神著る。孝悌の至りは、神明に通じ、四海に光ち、通ぜざる所無し。

《詩》⑤に云ふ、『西よりし東よりし、南よりし北よりし、思ひて服せざるは無し』」と。

應感章第十六

子曰、昔者明王事父孝、故事天明。事母孝、故事地察。長幼順、故上下治。天地明察、神明彰矣。

故雖天子必有尊也、言有父也。必有先也、言有兄也。宗廟致敬、不忘親也。脩身愼行、恐辱先也。

宗廟致敬、鬼神著矣。孝悌之至、通於神明、光于四海、無所不通。

詩云、自西自東、自南自北、無思不服。

①應感――「応感」は「感応」に同じ。人が純粋に誠を尽くせば天地・鬼神と感応し、天地・鬼神が福をもたらし、さらには人（聖人を指す場合が多い）が天地・鬼神と同じ能力を持つことができるという信仰は、儒家に限らず広く中国古代思想家に共通して見られるものであった。②昔者明王 父に事ふるに孝……――〈御注〉は、「王者は 天に父として事へ、地に母として事ふ。言ふこころは能く宗廟に敬事せば、則ち天地に事へて、能く明・察なり」と説明する。最後の部分は、「天地の動きを明知・洞察できる」という意味である。③天地に明・察ならば、神明彰る――〈御注〉は、「天地に事へて能く明・察ならば、則ち神 至誠に感じて、福佑を降す、故に彰ると曰ふなり」と続ける。④故に天子と雖も必ず尊有るなり……――〈御注〉の、「父は諸父を謂ひ、兄は諸兄を謂ふ、皆な祖考〔祖先〕の胤〔子孫〕なり。礼にては君 族人を讌する〔宴会を設けて供応する〕ときは、父兄と歯する〔年齢順に並ぶ〕なり」という解釈に従う。そしてこれがそのまま次句の「宗廟に敬を致す」に繋がる。なぜなら「諸父」・「諸兄」は天子とその祖考を同じくするからである。⑤詩――『詩経』大雅・文王有声篇の一句。この「文王有声」篇の一句は、『礼記』祭義篇でも「孝」と関連づけられ、やはり曾子の言葉として、「曾子曰はく、夫れ孝は、之を置かば而ち天地に塞がり、之を溥めば而ち四海に横たはる。……詩に云ふ、西よりし東よりし、南よりし北よりし、思ひて服せざるは無しとは、此れをこれ謂ふなり」として引用されている。

先生が仰った。

「その昔、明王は孝を以て父にお仕えしたので、天にお仕えしても、天の働きを明知しておられました。孝を以て母にお仕えしたので、地にお仕えしても、地の働きを洞察しておられました。長幼の序に順ったので、上下の秩序がよく治まったのです。天地の働きに明察であるなら、それに応じて神明が出現して福を下します。

それゆえ『最高位の天子であっても、必ず尊ぶべきものがある』とは、諸父すなわち父の兄弟がいることをいうのです。『必ず先輩が有る』とは、一族の諸兄がいることをいうのです。（いずれも祖先の後裔である。）したがって宗廟に祖先を祭って敬意を致すのは、親や親族を忘れないためです。身を修め行動を慎むのは、先祖を辱めることを恐れるからです。

かく宗廟に敬意を尽くすなら、これに感応して鬼神すなわち祖先の霊魂が出現します。孝悌の至情は神明に通じ、四方の果てにまで充ちわたり、通じないところはないのです。

『詩』にこんな文句がありますね。

『西よりし東よりし、南よりし北よりし、思ひて服せざるは無し〔西から東から、南から北から、慕い服従しない者はいない〕』と」。

【補説】

本章は明王・天子が祖先祭祀を実施することによって、天地と感応することができ、鬼神すなわち祖先の祐助を得ることを説き、それが孝悌の至りであることを述べる。『孝経』に通底する宗教性が色濃く表現されている章であり、よくまとまったものである。

本章は以下のように、大きくA・B・Cの三部分から構成されている。Aの最後の一句「天地明察、神明彰矣」とCの冒頭の一句「宗廟致敬、鬼神著矣」とが対応し、BはCの「宗廟」・「孝悌」を導くために挿入されたものであろう。ただしBは「孝―宗廟―先王」によって、現在の天子に孝治を要請するのであって、重要な意味を持つものである。

A子曰、昔者明王事父孝、故事天明。
　　事母孝、故事地察。
　　長幼順、故上下治。
　天地明察、神明彰矣。

B故雖天子必有尊也、言有父也。
　　必有先也、言有兄也。
　宗廟致敬、不忘親也。
　修身愼行、恐辱先也。

C宗廟致敬、鬼神著矣。
　孝悌之至、通於神明、
　　光於四海、
　　無所不通。

君に事ふるの章第十七

子曰はく、「君子の上に事ふるや、進みては忠を盡くさんことを思ひ、①退きては過ちを補はんことを思ひ、②其の美を將順し、③其の惡を匡救す。④故に上下能く相親しむなり。

《詩》⑤に云ふ、『心に愛せば、遐しと謂はず。中心に之を藏せば、何れの日か之を忘れん』」と。

事君章第十七

子曰、君子之事上也、進思盡忠、退思補過、將順其美、匡救其惡。故上下能相親也。

詩云、心乎愛矣、遐不謂矣。中心藏之、何日忘之。

---

①進みては忠を盡くさんことを思ひ——通常「進退」とは出仕・致仕を意味することが多いが、〈御注〉は「出勤」・「退庁」の意味に取っている。②退きては過ちを補はんことを思ひ——退庁してからも、君に過失が有れば、これを補益したいと思う。つまり「過」は主君の過失のこと。『左伝』宣公十二年の条に、晋の将軍荀林父の人となりを説明した「林父の君に事ふるや、進みては忠を尽くさんことを思ひ、退きては

過ちを補はんことを思ふ。社稷の衛なり」という一節がある。『孝経』が『左伝』を引用したもので、その逆ではないというのが『左伝』注釈家の一致した見解である。③其の美を将順し――〈御注〉に、「将は行なり。君に美善有らば、則ち順ひて之れを行ふ」とある。④其の悪を匡救す――〈御注〉に、「匡は正なり。救は止なり。君に過悪有らば、則ち正して之れを止む」とある。なお『史記』管晏列伝に、「語曰、将順其美，匡救其悪，故上下能相親也、豈管仲之謂乎」とあり、『孝経』の文章を「語に曰はく」として引用している。⑤詩――『詩経』小雅・隰桑篇の一句。〈御注〉は、「遐は遠なり。義は、臣心に君を愛せば、左右を離ると雖も、謂ひて遠しと為さず、君を愛するの志、恒に心中に蔵し、日として蹔も忘るること無きに取るなり」と解説する。

先生が仰った。

「君子が主上にお仕えする態度は、君前に進み出ては、忠を尽くそうと思い、君前より退いてからは、主君の過失を補おうと思い、主君の美点には倣って順い、悪しき点は正して止めようとします。それゆえ君臣の上下が互いに親しみあうのです。

『詩』にこんな文句がありますね。

『心に愛せば、遐しと謂はず。中心に之を蔵せば、何れの日か之を忘れん〔心から愛していれば、離れていても遠いとは思わない。心の中に抱いていれば、何時だって忘れることはない〕』と」。

【補説】

『孝経』最終章のひとつ手前の本章には、実は「孝」の表現は全く無く、君に仕える「忠」について述べたもので、端（はし）なくも「孝」を説きつつ、実は「忠」を説こうとする『孝経』の意図が見えたものではなかろうか。巧みな配置と言うべきである。

子曰、君子之事上也、進思盡忠、
退思補過、
將順其美、
匡救其惡、
故上下能相親也。

親を喪(うしな)ふの章第十八①

子曰はく、「孝子の親を喪(うしな)ふや、哭(こく)して偯(い)せず、②禮に容(よう)無く、③言(げん)は文(かざ)らず、④美を服するも安んぜず、⑤樂(がく)を聞くも樂しまず、旨(うま)きを食(くら)ふも甘(あま)からず。此れ哀慼(あいせき)の情なり。三日にして食(くら)ふは、⑥民に死を以て生(せい)を傷(そこな)ふこと無く、毀(こぼ)つこと性(せい)を滅ぼさざるを教ふるにて、此れ聖人の政なり。喪(そう)三年に過ぎざるは、⑦民に終はり有るを示すなり。之(これ)が棺槨(かんかく)・衣衾(いきん)を爲(つく)りて之(これ)を擧(あ)げ、⑧其の簠簋(ほき)を陳(つら)ねて⑨之を哀慼(あいせき)し、擗踊(へきよう)・哭泣(こくきゅう)し、⑩哀しみて以て之を送る。其の宅(たく)兆(ちょう)を卜(ぼく)して、之(これ)を安措(あんそ)し、⑪之(これ)が宗廟を爲(つく)り、鬼(き)を以て之(これ)を享(きょう)し、春秋に祭祀し、時(とき)を以て之を思ふ。生事(せいじ)は愛敬(あいけい)し、死事(しじ)は哀慼(あいせき)し、⑫生民(せいみん)の本(もと)盡きたり、死生(しせい)の義備(そな)はれり、孝子の親を事ふること終はりぬ」と。

喪親章第十八

子曰、孝子之喪親也*、哭不偯、禮無容、言不文、服美不安、聞樂不樂、食旨不甘。此哀**慼之情也。三日而食、教民無以死傷生、毀不滅性、此聖人之政也。喪不過三年、示民有終也。爲之棺椁衣衾而擧之、陳其簠簋而哀慼之、擗踊哭泣、哀以送之。卜其宅兆、而安措之、爲之宗廟、以鬼享之、春秋祭祀、以時思之。生事愛敬、死事哀慼、生民之本盡矣、死生之義備矣、孝子之事親終矣。

＊　喪親也――開元本には「也」字が無い。

＊＊　此哀慼之情也――阮刻本は「戚」字に作るが、石台本に従って「慼」字に改め、他の二箇所の「慼」字に合わせる。

①親を喪ふ――〈御注〉に、「生事は已に畢はるも、死事は未だ見さず、故に此の章を発す」と注釈するように、親を亡くした直後の葬儀とその後の祭祀について述べて、『孝経』全書の締め括りとする。②哭して偯せず――「哭」は大声を上げて泣く葬礼のひとつ。「偯せず」は哭した後、息が続かず、声がとぎれがちになること。〈御注〉に、「気は竭きて息み、声は委曲〔くだくだしい〕ならず」とある。③禮に容無く――「容」は容子、容儀、すなわち礼にかなった起ち居振る舞いであるが、哀しみのためそれができないこと。④言は文らず――言葉も礼にかなった口上にならない。⑤美を服するも安んぜず――美服を身に着けたとしても、心の安らぐことはないので、喪服を着る。〈御注〉に、「美飾に安んぜず、故に縗麻を服す」とある。「縗麻」は麻の喪服。⑥三日にして食ふは……――〈御注〉が、「食はざること三日、哀毀 情を過ぎ、性〔生命〕を滅ぼして死するは、皆な孝道を虧く、故に聖人 礼を制し教へを施し、殞滅〔死亡〕に至らしめず」と解説するのは、『礼記』喪服四制篇の、「三日にして食ひ、三月にして沐〔浴〕し、期〔一年〕にして練〔一周忌の祭り〕するは、毀つこと性を滅ぼさず、死を以て生を傷つけざればなり」を踏まえたもの。⑦喪三年に過ぎざるは……――〈御注〉は、「三年の喪は、天下の達礼なり。夫れ孝子に終身の憂ひ有れども、聖人の 三年を以て制を為すは、人をして終竟の限有るを知らしむるなり」と注釈する。ちな

みに『礼記』三年問篇に、「夫れ三年の喪は、天下の達喪なり」とあるが、「三年之喪」は『礼記』の頻出語である。⑧之が棺椁・衣衾を爲りて之を擧げ――〈御注〉に、「尸に周らすを棺と為し、棺に周らすを椁と為す。衣は斂衣〔死に装束〕を謂い、衾は被〔覆いの布〕なり。挙は屍を挙げて棺に内るるを謂ふなり」とある。⑨其の簠簋を陳ねて――〈御注〉に、「簠簋は祭器なり。素器〔飾りの無い器〕を陳奠〔陳列〕して、親を見ず、故に哀慼するなり」とある。⑩擗踊・哭泣し――「擗」は手で胸を打つこと、「踊」は足で地を打つこと、前者は女性の、後者は男性の悲しみの表現の動作である。⑪其の宅兆をして、之を安措し――〈御注〉に、「宅は墓穴なり。兆は塋域〔墓所〕なり。葬事は大なり、故に之れを卜ふ」とある。「安措」は安置すること。⑫生事は愛敬し、死事は哀慼し……――〈御注〉に、「愛敬・哀慼は、孝行の始終なり。死生の義を備さに陳べて、以て孝子の情を尽くすなり」とある。

先生が仰った。

「孝子が親を喪った際には、大声で泣いて哭し、息が続かず、葬礼の容儀も整わず、言葉を飾ることもなく、美服を着ても落ち着かず、音楽を聞いても楽しまず、ご馳走もおいしいとは思わない。これが親を喪った哀戚の情です。

しかしながら「『三日後に食事を取る』というのは、死者のために生者の健康を損なうことがないように、痩せ衰えて生命を縮めることがないように、ということを民に教えるためで、これこそ聖人の政治です。『喪に服することが三年を越えない』というのは、何事にも限度があることを民に教えるためです。

葬儀には遺体を納める棺槨（かんかく）や、遺体に着せる衣衾（いきん）を作って納棺し、霊前にお供え物を盛る簠簋（ほき）を陳列して、哀戚（あいせき）の情を尽くし、擗踊（へきよう）すなわち胸を打ち地団駄を踏み、大声で哭泣（こくきゅう）し、哀しんで野辺の送りをする。あらかじめ埋葬場所を占って決めておき、そこに柩（ひつぎ）を安置し、またあらかじめ宗廟〔みたまや〕を作っておいて、鬼神としてもてなし、その後の春・秋のしかるべき時期に祭祀し、亡き人を思慕するのです。

つまり生前には愛敬の念を以てお仕えし、死後は哀戚（あいせき）の念を以て祭祀することによって、生きている人の本分は尽くされ、死生の本義は備わり、孝子が親にお仕えすることが終了するのです」と。

【補説】

本章は注①でも述べたように、親を亡くした直後の葬儀の方法と、その後の祭祀について述べて、『孝経』全書の締め括りとしたものである。

「三年の喪」について。『論語』陽貨篇に、弟子の宰我（さいが）が、「三年の喪は長すぎませんか」という質問に対し、孔子は怒りを含んで、「夫れ君子の喪に居るや、旨（うま）きを食（くら）ふも甘（あま）からず、楽を聞くも楽しからず、居処は安からず、故に為さざるなり。今、女（なんじ）安くんば則ちこれを為せ」と答えた後、「子は生まれて三年、然る後に父母の懐（ふところ）を免（まぬか）る。夫れ三年の喪は、天下の通喪なり」と続けている。

このように最後に、儒家の説く喪礼の一つ「三年の喪」を述べて、墨家の節喪説に対抗したのかもしれない。

子曰、孝子之喪親也、哭不偯、
禮無容、
言不文、
服美不安、
聞樂不樂、
食旨不甘、
此哀戚之情也。
三日而食、教民無以死傷生、
毀不滅性。
此聖人之政也。
喪不過三年、示民有終也。
爲之棺槨衣衾而擧之、
陳其簠簋、而哀慼之、
擗踊哭泣、哀以送之、
卜其宅兆、而安措之、
爲之宗廟、以鬼享之、

春秋祭祀、以時思之。

生事愛敬、
死事哀慼、
生民之本盡矣、
死生之義備矣、
孝子之事親終矣。

解説

一 『孝経』の作者

『孝経』は孔子（名は丘、字は仲尼）が門人の曾子（名は参、字は子輿）に「孝」の意義を語って聞かせるという構成で展開していく。そして『孝経』中、冒頭で孔子を字の「仲尼」で登場させた後は、「子曰はく」という形式で孔子の言葉を記述していくので、作者を孔子と見なすわけにはいかないであろう。それは『論語』が孔子の著書ではないのと同様である。

また開宗明義章第一の補説で述べたように、『史記』仲尼弟子列伝では、「孔子は曾参が能く孝道に通じていると認め、彼に業を授けた。その結果、曾子は『孝経』を作り、魯で亡くなった」と述べて、『孝経』の作者を曾子だと見なしている。しかしこれまた『論語』と同様に、『孝経』でも曾参は「曾子」と表記されており、「曾子」とは「曾先生」を意味するから、曾子は作者ではない。したがって『孝経』の作者（或いは編者）は少なくとも曾子の弟子以降の者であったとするのが妥当である。ただその人物や作成時期を特定できる資料はない。それではその下限はどこまで降るであろうか。

そもそも先秦時代に作成された古典で、その著作年代が特定できるものはほとんど存在しない。その中でも唯一の例外が、始皇帝（在位前二四七—二一〇）による天下統一（紀元前二二一）以前に秦国の宰相であった呂不韋の命によって編纂された『呂氏春秋』である。その完成は「序意」篇にいう「維秦八年」、すなわち紀元前二四一年（或いは二三九年）とされている。その「孝行覧」には天子章第二を踏まえた文章が存在し、さらに「察微」篇には「孝経に曰はく」として諸侯章第三の一節が引用されているのである（いずれも補説参照）。したがって始皇帝の天下統一よりも二十年以上前、すなわち紀元前三世紀半ばには、『孝経』が西方の秦国にまで流布していたことが明らかとなるのである。あるいは『孝経』作成の下限は紀元前三世紀半ばを遡ること、それほど遠くはないのかもしれない。

ただ漢代儒者の著作だとする説もあるので、紹介しておきたい。これは清代末期に始まる、いわゆる疑古派（古典の記述を批判的に検証する学派）の学者の主張であり、姚際恒『古今偽書考』がその早い時期のものであろう。姚氏は『孝経』中に『左伝』の文章を踏襲したものが見られることを根拠にして、『礼記』諸篇と同様に漢儒の著作と見なすのである。これはまた『左伝』漢代偽作説とも関連するものであるが、それはさておき、漢代著作説の最大の難点が、上記の『呂氏春秋』の引用部分となる。姚氏はこの点についてはなぜか全く触れていない。この問題に関し、その後の疑古派の学者は、この一派の常套手段である衍文説・竄入説、すなわち後世に挿入された文章だ、と主張するのである。しかしながら当該箇所の『呂氏春秋』の文脈からして、これは成り立たない。

そこでもうひとつの考え方として、南宋の朱熹（一一三〇—一二〇〇）『孝経刊誤』に始まる『孝経』新旧二分説を用い、『呂氏春秋』が引用するのは旧い部分だと主張することになる。事がかなり専門的にわたるので、その詳細をここでは述べないが、新しいとされる部分が漢代に作成されたものだという確証は、実は得られないのである。したがって上に述べた通り、『孝経』は曾子学派の儒家によって、少なくとも紀元前三世紀の半ば以前に作成されたとするのが、本訳書の立場である。

いったい中国古典――特に論説体の文章から構成されるもの――には、首尾一貫した主題のもとに体系的に著述されたものは極めて少ない、というのが筆者の見方である。その中にあって『孝経』は書物自体が二千字にも満たない小部であり、しかも「孝」という主題で統一されているため、そこに体系性や編集意識を読み取ることは比較的容易に見える。しかしその『孝経』ですら、各章の補説で言及したように、短い一章を構成する文章でさえも、先行する諸文献から引用されたと覚しき部分から成っているのである。作者（或いは編者）は、各部分の主旨の相違についてはかなり無頓着に見える。したがって、それらを細かく分析し腑分けしていくことは、あまり生産的ではない。『孝経』とは、「孝」という主題のもとに、様々な先行資料を断章取義的に集成した編纂物だと見なしたうえで、『孝経』全体を通貫する主張を捉えるというのが、本訳書の立場である。

二　『孝経』の歴史

上述したように『孝経』は先秦時代に作成されたものであるが、前漢時代には、今文『孝経』と古文『孝経』という二種類の異なるテキストが存在していた。そこで『孝経』の歴史について述べる前に、この今文・古文とは何かについて、先ず説明しておかねばならない。

さて漢代の通行文字は隷書体であった。隷書体とは、始皇帝が文字を小篆体に統一した後、さらにこれを簡略化したものだと言われるが、漢代はこの隷書体をそのまま公文書の書体として継承する。これが「今文」である。つまり「今文」とは当代通行の書体を意味する。したがって「古文」とは秦代以前の各国で通行していたさまざまな書体の通称だということになる。

　これを踏まえて、『孝経』に話を戻すことにしよう。現存する中国最古の文献目録は後漢の班固『漢書』中の一篇「藝文志」である。この目録は前漢末の劉向・劉歆父子の『七略』・『別録』（いずれも佚書）に基づくものであるから、「藝文志」の記述は前漢時代末期（紀元前一世紀）の学術状況、当時に伝存する文献の実態を示していることになる。

　この「藝文志」によると、『孝経』は孔子が曾子のために孝道を陳述したもので、漢が興起すると、長孫氏・江翁・后倉・翼奉・張禹といった人々がこの書物を伝え、それぞれ名家となったが、『孝経』の本文そのものは皆な同じであった。ところが孔氏の壁中古文（後で説明）だけは文章が若干異なっていた、ということである。

　以上の「藝文志」の簡単な記述を、さらに後世の唐・陸徳明『経典釈文』叙録や『隋書』経籍志（以下「隋志」と略称）等で補うと、次の通りである。

　秦の始皇帝による挾書律（民間で医書・卜筮書・農書以外の書物を所蔵することを禁じた法律）が解除されたのは漢の恵帝（在位前一九五—一八八）の時代であるが、その後、文帝（在位前一八〇—一五七）の時代に、秦の焚書を避けて隠匿していた『孝経』を世に出したのが、河間の顔貞なる人物であった。この顔氏が伝えた『孝経』は全十八章から成り、文帝時代に学官に立てられ（大学に講座が設けられ、博士によって教授された）、漢代を通じて長孫氏以下の人々がこれを伝えたのである。

　これに対し、武帝（在位前一四一—八七）時代に、魯の恭王が孔子の旧宅を解体したところ、壁中から『尚書』・『論語』等の古文献が多数発見され、その中に『孝経』も含まれていた。これら壁中古文献はいずれも隷書体以前の古い書体で書かれていたため、「古文」を以て称されることになる。『漢書』藝文志にいわゆる「孔氏の壁中古文」である。そして古文が出現したことにより、顔貞が伝えた『孝経』を今文『孝経』と呼んでこれと区別する必要が生じたわけである。つまり「古文」の出現によって「今文」の名称が生じたということになる。ただこの古文『孝経』は、後述するように、章の分け方が今文『孝経』とは異なって、全二十二章から構成されており、さらに今文には無い一章が有って、文字にも若干の異同が存在していたのである。「藝文志」に「孝経古孔氏一篇　二十二章」とあるのが、この書である。

　そして「藝文志」が続けて、「孝経一篇　十八章。長孫氏・江氏・后氏・翼氏四家」として著録するのが今文『孝経』であるが、「今文」を冠していないのは、これこそが本来の『孝経』だという意識であろうか。

　その後、後漢時代の末期、すべての経書に注釈を作成した大儒鄭玄（一二七—二〇〇）による今文『孝経』注が出現する。「隋志」に「孝経一巻　鄭氏注」として著録されているのがこの書物である。もっとも「隋志」は、これが実際に鄭玄が注釈したものであるのかどうかについては、疑念を抱く書きぶりである。

一方、古文『孝経』にも、魏晋時代になって、壁中古文発見当時の孔家の当主であった孔安国（こうあんこく）が古文『孝経』に注釈を施したと称する「孔安国伝」が出現する。やはり「隋志」に、「古文孝経一巻孔安国伝。梁末亡逸。今疑非古本（梁末に亡逸す。今疑ふらくは古本に非ず）」とあるのがそれである。

以上が、今文『孝経』と古文『孝経』との二種類のテキスト、そしてその注釈書との概略の説明である。ただ今文の方が早く世に出たことを、ここでひとまず確認しておきたい。いずれにしても、今文『孝経』とその鄭氏注、古文『孝経』とその孔安国伝とは、六朝時代前期に対抗しつつ並行して伝承されたのである。

しかし「隋志」は続けて、

> 梁代に、孔安国及び鄭玄の二家は並びに国学に立ったのであるが、孔安国本は梁末の混乱期に亡佚してしまい、続く陳代及び北朝の周・斉では鄭氏注のみが伝えられた。

と述べている。ところが一旦亡佚した孔安国伝であるが、

> 隋代になって、秘書監であった王劭（おうしょう）なる人物が京師において孔安国伝を発見し、これを当時の大学者劉炫（りゅうげん）に送り届けた結果、劉炫はこれを校定したうえに、孔氏伝の注釈書（『孝経』からすると再注釈書）である『孝経述議（じゅつぎ）』を作成し、これを民間で講じた。やがてそのことが朝廷に聞こえ、孔氏伝は再び鄭氏注とともに学官に並び立った。

と述べている。もっとも当時の学者の多くは、これは劉炫の偽作であり、孔安国の旧本ではないとして認めなかったという。

かくして孔・鄭二家の争いは唐代になってさらに激しくなっていく。そのため、この論争に決着をつけるべく、玄宗皇帝（在位七一七―七五六）は開元七年（七一九）、諸儒に詔を発して両者の優劣是非を質させたのであるが、今文支持派と古文支持派との意見が対立して結論は出なかった。そのため玄宗は決断をする。彼は開元十年（七二二）、経文は今文、注は孔伝・鄭注をはじめとする諸儒の注釈を参照しつつ、自ら『孝経』注を作成したのである。玄宗〈御注〉の誕生である。これを「開元始注本」と称する。そして同時に元行沖に命じて〈御注〉の注釈書である「疏」（『孝経』からすると再注釈書）を作らせ、天下に頒布した。しかしその後も玄宗は〈御注〉の完成度を高めるべく、天宝二年（七四三）に重ねて注釈を作成した。これが「天宝重注本」である。また同四年に八分（篆書と隷書の中間）の書体で御書し、これを長安の大学の前に石経として建立した。これを「石台孝経」という（西安碑林博物館所蔵）。さらに翌五年には元行沖「孝経疏」にも修改を加えて内外に頒布する（以上は『唐会要』による）。そして〈御注〉が世に出るや、皇帝の注釈だということもあって、孔・鄭二注は共に顧みられなくなり、劉炫『孝経述議』と併せて唐末・五代の混乱期の中で亡佚してしまうのである。

その後、北宋時代になり、邢昺が真宗（在位九九七―一〇二二）の勅命を奉じて、唐の『五経正義』（『周易正義』・『尚書正義』・『毛詩正義』・『礼記正義』・『春秋正義』）に倣い、『論語』・『孝経』・『爾雅』の三「正義」を編纂した際、『孝経』については、今文の〈御注〉本を採用し、元行沖の「疏」を改編するかたちで作成したのが『孝経正義』である（『宋会要』等）。その結果、南宋時代には、「開元始注本」も元行沖「疏」も共に亡佚してしまう。つまり中国では今文『孝経』、その注釈書「天宝重注本」、その再註釈書となる邢昺『孝経正義』のセットのみが行われることになった。現在「十三経注疏」中に収められる『孝経注疏』がすなわちこれであり、本訳書の底本である。

　ところが日本には、中国で佚書となってしまった古文『孝経』孔安国伝・今文『孝経』鄭玄注・劉炫『孝経述議』、そして「開元始注本」のいずれもが、不全本をも含めると、亡佚することなく伝存していたのである。これらが清代になって逆輸入された中国本土の反応については、事がかなり専門的に、また多岐にわたるので、ここでは省略したい。ただ今文『孝経』について、一点だけ言及しておくと、はやくも北宋の雍熙（ようき）元年（九八四）に、日本の僧奝然（ちょうねん）が入宋し、時の太宗（たいそう）（在位九七六―九九七）に今文『孝経』鄭玄注を献上したところ、太宗は大いに喜び、これを秘府（宮中図書館）に所蔵したという（『宋史』日本伝）。

　なお当時の秘府には、孔氏伝を失った古文『孝経』が存していたというが、これを元にして司馬光（一〇一九―一〇八六）が著作したのが『古文孝経指解』である。下って南宋の朱熹は、この『指解』を刪改して『孝経刊誤』を作成した。朱熹は本文を大幅に刊（けず）り、経一章伝十四章に分別するという大胆な改訂を試みたのである。これは『孝経』研究史からすると、経文を変改したという点で逸脱した行為とも言えるのであるが、『孝経』本文に新古の層が存在することを主張した点で、注目すべき見方であった。近代の『孝経』研究にも多大の影響を与えていることを付言しておきたい。

　以上の複雑な『孝経』伝来の歴史を図示すると以下の通りである。

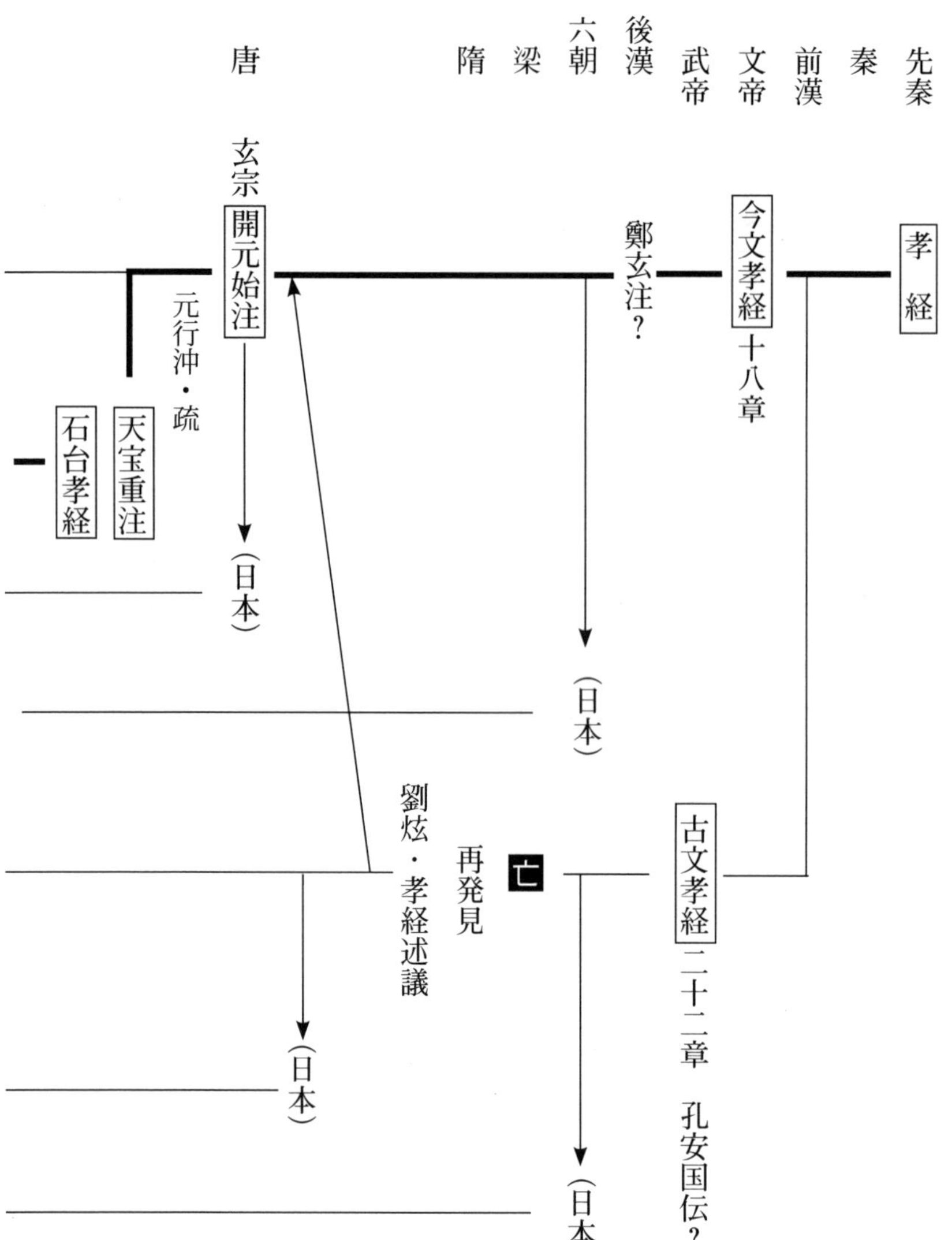
先秦
秦
前漢
文帝
武帝
後漢
六朝
梁
隋
唐
孝経
今文孝経
十八章
鄭玄注？
玄宗
開元始注
元行沖・疏
天宝重注
石台孝経
（日本）
（日本）
古文孝経
二十二章
孔安国伝？
亡
再発見
劉炫・孝経述議
（日本）
（日本）

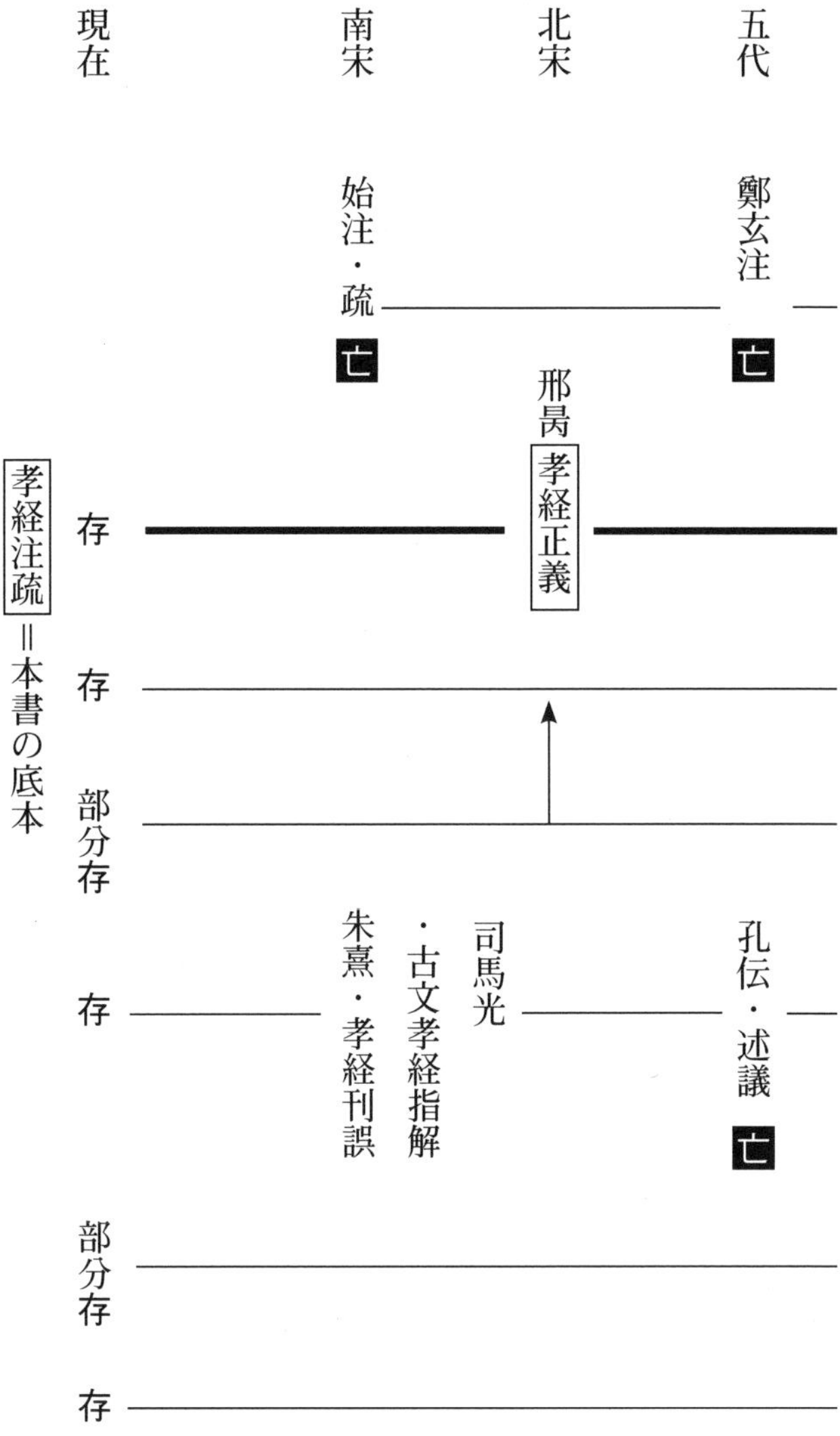

三　『孝経』の構成

さて『孝経』には今文と古文との二種類のテキストが伝存することは既述の通りであるが、実は内容そのものに大きな違いはない。その相違点の一つ目は、章立てが異なること、二つ目は、古文には今文に存在しない「閨門（けいもん）章」が加わっていることである。章立ては、今文が全十八章であるのに対し、古文は二十一章から構成されている。以下、今文と古文との章名・章数、そして古文の字数を対照させてみよう。参考までに、朱熹『孝経刊誤』が経・伝に改編した章立ても併記した。

今文	古文		朱熹『刊誤』
開宗明義章第一	開宗明義章第一	一二五字	経
天子章　第二	天子章　第二	五三	経
諸侯章　第三	諸侯章　第三	七六	経
卿大夫章　第四	卿大夫章　第四	九四	経
士章　第五	士章　第五	八〇	経
庶人章　第六	庶人章　第六	二四	経
	孝平章　第七	二五	経
三才章　第七	三才章　第八	一二九	伝三章
孝治章　第八	孝治章　第九	一四四	伝四章
聖治章　第九	聖治章　第十	一四一	伝五章
	父母生績章第十一	一三〇	伝六章
	孝優劣章　第十二	一二〇	伝六章

紀孝行章　第十	紀孝行章　第十三	九三	伝七章
五刑章　第十一	五刑章　第十四	三七	伝八章
広要道章　第十二	広要道章　第十五	八一	伝二章
広至徳章　第十三	広至徳章　第十六	八三	伝一章
応感章　第十六	応感章　第十七	一一三	伝十章
広揚名章　第十四	広揚名章　第十八	四四	伝十一章
	閨門章　第十九	二四	伝十二章
諫争章　第十五	諫争章　第二十	一四八	伝十三章
事君章　第十七	事君章　第二十一	四九	伝九章
喪親章　第十八	喪親章　第二十二	一四二	伝十四章
		一八六一字	

四　『孝経』の立場

『孝経』は誰が、何時(いつ)、何の目的で作成したものなのか。いずれについても答えるのは容易でないが、作者については、一節で述べたように、曾子学派の儒家であろうと推測した。また作成時期についても、その上限は特定できないものの、下限は秦の始皇帝が天下を統一する二十年以上前、すなわち紀元前三世紀半ばには秦国に流布していたであろうと推測したところである。

次にはいかなる目的で、言い換えれば、誰に向けて何を主張しようとしたものなのかが問われなければならない。そこで各章の補説で述べたことを繰り返す部分もあるが、いま一度各章の主旨を検討してみよう。以下の「『孝経』鳥瞰図」は、各章の重要と思われる用語を抜き書きして、それを図示したものである。これに拠りつつ、『孝経』の立場を明らかにしたい。

なおその前に確認しておくべきは、『孝経』が体系性を持った文献であるということである。もとより素材となった文章は多様であり、整合性に欠ける部分を含みながらも、作者あるいは編者によって、ひとつの著作物としてまとめられたものだというのが、本訳書の立場である。つまり『孝経』二分説は採らない。

『孝経』鳥瞰図

開宗明義① 仲尼 曾子
先王 至徳A・要道B＝孝
不毀傷・立身・揚名C・顕父母
事親・事君・立身 大雅

『孝経』鳥瞰図

天子②
愛親・敬親
事親
徳教
百姓・四海
甫刑

諸侯③
不驕・節制
富・貴
社稷
民人
詩

卿大夫④
先王之 法服
法言
法行
宗廟
詩

士⑤
事母—愛
事君—敬
事父—愛・敬
孝 事君—忠
敬 事長—順 祭祀
詩

庶人⑥
用天道
分地利
節用
養父母
孝無終始

三才⑦ 曾子 孝之大
天・地・民
則天・因地・順天下 不肅・不厳
先王 教化
博愛・徳義・敬譲・禮樂・好悪
詩

孝治⑧
明王孝治 天下・國・家 懽心
生—安親
祭—鬼享
災害不生・禍亂不作
詩

聖治⑨ 曾子 無以加於孝
聖人之徳＝孝
嚴父・配天
嚴—敬 不肅
親—愛 不嚴

父子之道・君臣之義
悖徳・悖禮 愛・敬
凶徳
君子 徳教・政令
詩

紀孝行⑩
孝子之事親
敬・樂・憂・哀・嚴
不驕・不亂・不争
不孝

五刑⑪
不孝
要君
非聖人
非孝

廣要道⑫　B

孝—親愛　敬父
悌—禮順　敬兄
樂　敬君
禮↓敬　敬一人

廣至徳⑬　A

君子　孝—敬父
悌—敬兄
臣—敬君
[詩]

廣揚名⑭　C

君子　事親—孝↓忠—君
(移)　事兄—悌↓順—長
居家—理↓治—官　名立

諫争⑮　[曾子]

孝と争臣
天子・諸侯・大夫
天下・國・家
士—争友・父—争子

応感⑯

明王
事父—孝—事天—明
事母—孝—事地—察　神明
宗廟致敬　鬼神　[詩]

事君⑰

君子—事上盡忠
補過　[詩]

喪親⑱

孝子喪親　三年之喪　宗廟
愛敬・哀戚　孝子事親終

さて『孝経』は冒頭の開宗明義章①で、孔子が曾子に語りかける。まず先王が至徳の要道、すなわち孝によって天下を治めたことを述べた後、孝があらゆる徳の根本であり、先王の教化はそこから生じるものだと主張する。後半では、孝が「事親」に始まり、「事君」を中間に挟み、「立身」に終わることを説いている。また「立身」が「父母を顕らかにする」ことだとも述べる。したがって後半部分の主語は、「事君」とある以上、「天子」ではない。明言してはいないが、後に登場する「君子」と見るべきであろう。

開宗明義章はいわば『孝経』の序論ないし総論に当たるものであり、ここに『孝経』の立場が示されていると筆者は考える。そのキーワードの一つが「先王」であり、もう一つが、この段階では明言されていない「君子」である。結論を先取りして述べておくなら、『孝経』とは、「君子」が孝によって天下を統治すべきことを「天子」に要請するために作成されたものであった。現実・眼前の「天子」・「王」を規制できるのは「天」・「先王」を措いて他にない。祖先祭祀を生活の基本に置く古代中国社会にあって、その祖先祭祀を支える孝は、あらゆる階層に共通する徳であった。『孝経』は先王による孝治の成功例（あくまでも理想として説かれているのではあるが）を詳述することにより、眼前の天子に孝治を要請するのである。それと同時に、君に仕える「君子」、別の表現では「士」、その「士」の孝を詳説することによって、それが天子の孝治にとっても有効であることを説明するものであった。

以下、天子章②から庶人章⑥まで、それぞれの階層の孝が説明されるが、庶人章を除けば、その孝は必ずしもそれぞれの階層に限定できるものではなかった。孔子の前提とする社会が周の封建制度下のものであることを説明するために、五等（天子・諸侯・卿大夫・士・庶人）に分別する必要があったのだろう。しかし重要なのは**天子章**②と**士章**⑤との二章である。そしてこの両章に共通するのが、孝を成り立たせる二要素「愛」と「敬」とである。ただ**天子章**では、「愛」と「敬」とはいずれも「事親」に対応するものであったが、**士章**では、「敬」が「事君」に振り当てられ、さらに「孝」が「事君」に対応する「忠」へと移行させせられている。実にこれこそが『孝経』の中心の主張であって、**士章**が重要だと見なす所以である。

続く**三才章**⑦では、再び曾子が登場する。『孝経』では曾子が登場することによって、話題が転換することを示すという構成になっている。この章では孝の偉大さを感嘆した曾子に向けて、孔子はさらに孝は天・地・人の三才を貫く普遍的道徳であると説明する。そして**開宗明義章**①では、徳の本（もと）とされた孝が、ここではあらゆる徳を包含した宇宙の法則とされているのである。それゆえに先王の孝治は、「粛ならず、厳ならず」して成功したと述べる。これは法家者流の信賞必罰に対抗した、儒家としての「君子」の主張と見ることができる。さらに後半部分に見える「博愛」の語は、墨家の「兼愛」に対抗した可能性があるだろう。

続く**孝治章**⑧では「先王」が「明王」と言い換えられ、「明王」が孝治によって天下万民の歓心を獲た結果、天下は和平で、災害は興らなかったと述べる。「祭則鬼享之（祭るときには則ち鬼之を享（う）く）」とあって、宗廟祭祀の表現が見えるのも注目すべきことである。

続く**聖治章**⑨は最も長文であるが、三たび曾子が登場し、「明王」が「聖人」と言い換えられ、新たな展開を見せる。人の行為で孝が最大であり、孝の最高の形態が祖先を天に配して祭祀する「配天」であり、その具体例として周公の「郊祀后稷」・「宗祀文王」が挙げられる。「配天」は秦漢以後は天子の特権とされるものであるが、『孝経』では天子のあるべき姿として説いたものであろう。ただここでも「愛」と「敬」との対称が見られ、「粛ならず、厳ならず」して治まる聖人の教化を説くのは、再び法家批判である。

長文の**聖治章**では、次いで中間部分において「父子之道」と「君臣之義」が一致させられる。これこそが『孝経』の眼目ではあるが、ここではその根拠は充分に説明されていない。そしてその後に「其の親を愛せずして、他人を愛する者」を「悖徳」として退けるのは、やはり墨家批判と見ることができる。そして注目すべきは、後半部分に新たに「君子」が登場することであろう。これ以降、「君子」の孝の在り方が説かれるのである。

紀孝行章⑩では、「君子」は「孝子」とも表現され、家の内外に分けて「事親」の在り方を述べる。**五刑章**⑪は紀孝行章の最後に見える「不孝」から尻取り式に附加されたもので、後世によく引用される「五刑の属（ぞく）三千、而（しか）して罪は不孝より大なるは莫し」は、『孝経』にとってはあまり重要な一句ではない。

これに続く**広要道章**⑫・**広至徳章**⑬・**広揚名章**⑭の三章は、章名が示すとおり、**開宗明義章**①の「至徳」・「要道」・「揚名」を詳述するもので、経に対する伝と見ることもできる。この三章に共通するのは「敬」の強調で、「孝―敬父」・「悌―敬兄」・「臣―敬君」と対称させたうえで、やはり三章最後の**広揚名章**において「孝」を「忠」に移行させるのが眼目である。

そして**諫争章**⑮で、四たび曾子が登場し、『孝経』のまとめの段階に入ったことを示している。そもそも孝は父の権威の絶対性を強調するものであって、それは先王の孝治によって現在の天子をも規制するものであったが、天子にとって孝治が有効性を持つためには、君の権威を保障することもまた必要となる。したがってここでは「士」は父の権威を、君の権威に対して相対化させることによって、天子に孝治の必要性を主張することになったのである。

続く**応感章**⑯は、孝の基調にある祖先祭祀の重要性を「天地明察、神明彰矣（天地に明察ならば、神明彰（あらわ）る）」・「宗廟致敬、鬼神著矣（宗廟に敬を致さば、鬼神著（あらわ）る）」等の文句で表現する。『孝経』に通底する宗教性が色濃く記述された章である。

続く**事君章**⑰には、意外なことに「孝」の表現は全く見られず、君子が君に事（つか）える「忠」について述べる。「孝」を説くことと並行して、実は「忠」を説こうする『孝経』の本音が表れた章だと言えよう。

最後の**喪親章**⑱は、孝子の事親の最終場面、すなわち親の死に際しての喪礼と、その後の祭祀について述べて、『孝経』の締めくくりとする。

以上見てきたとおり、『孝経』はゆるやかながらも体系的な著作と見ることができる。そして『孝経』に通底する「孝」の宗教性は、天子を含めて古代中国人全ての共感を得る、ないしは否定することのできない生活感情に基づくものであった。しかし『孝経』はそれを確認することに主眼があるのではない。あくまでもそれを根拠にして、天子に「孝治」の有効性を説く意図で作成された、極めて政治的な目的を持つ著作であった。

さて『孝経』で「孝」の意義を説く孔子が前提とする社会は、周の封建制度下にあった。それは祖先崇拝・血縁倫理を根幹に据えた社会である。あらゆる生活はこれを基点とする。つまりは「孝」に基づく政治が有効な時代であった。ここに着目すれば、『孝経』を「孝」による道徳の教科書と見ることは可能である。

しかし孔子の生きた時代は春秋時代の末期、これから戦国時代に突入しようとする時代でもあった。それは血縁倫理・家族道徳のみでは律しきれない、いわばグローバルな社会が出現しつつある時代である。そしてこの『孝経』は既述の通り、その孔子の時代を遥かに降った時代に作成されたものであった。したがって『孝経』の眼前に存在する天子とは、もはや周王ではない。周王に代わるべき新たな王であった。

ところで『孝経』の文章を引用する最も早い文献が『呂氏春秋』であることは本解説一節に述べたところであるが、後掲の荘襄王の宰相となった呂不韋が、秦の国威発揚の目的で天下の諸子を集めて編纂した『呂氏春秋』は、後世に雑家の書物に分類され、いわゆる戦国時代の諸子百家の主張が渾然と網羅的に、しかも体系化を意図して作成された文献である。

というわけで、ここからはあくまでも仮説に過ぎないことをお断りしておくが、『孝経』中に法家批判や墨家批判の言辞が見えることからすると、『孝経』とは『呂氏春秋』編纂前夜に、つまりは秦による天下統一が見え始めた時期に、曾子学派の系統を引く儒家によって、秦王に向けて発せられたメッセージではなかったか。そしてその秦王とは、後に始皇帝となる秦王の政ではなく、その曾祖父である昭襄王（在位前三〇六―二五一）であったかもしれない。

ちなみに昭襄王はその十九年（前二八八）に「西帝」を自称し（二ヶ月後に王に復するのではあるが）、五十二年（前二五五）には武王以来実に八百年続いた周を滅ぼしている。秦の国力増大は当時誰の目にも明らかであった。その昭襄王は在位五十六年にして没するが、これを継いだ安国君は、昭襄王の喪明けに即位して後わずか三日で没する。これを継いで立ったのが荘襄王（在位二五〇―二四七）、すなわち秦王政の父である。彼は安国君に「孝文王」の諡号を贈っている。

昭襄王一九年（前二八八）西帝を自称。
五二年（前二五五）周を滅ぼす。
五六年（前二四九）没。（在位五十六年）
孝文王　元年（前二五〇）没。（在位三日）
荘襄王　四年（前二四七）没。（在位四年）
政　元年（前二四六）
八年（前二三九）『呂氏春秋』完成。

昭襄王―孝文王―荘襄王楚―秦王政
安国君　　　　　　　　　始皇帝

一〇年（前二三七）　呂不韋失脚。

一二年（前二三五）　呂不韋没。

始皇帝　元年（前二二一）

しかし『孝経』を引用する『呂氏春秋』は秦王政の受け容れるところとはならなかった。宰相の呂不韋は失脚し、やがて六国を滅ぼして天下を統一した秦王政は、法家以外の諸子百家の思想を禁止し、諡号を廃止して「始」皇帝を名乗るのである。当然なことに『孝経』は始皇帝に容認されず、焚書の憂き目に遭ったのである。

ところが秦帝国を滅ぼした漢朝では諡号を復活し、しかも高祖「高皇帝」以後の皇帝の諡号には「孝」字を冠することになる。二代「孝恵皇帝」、五代「孝文皇帝」、六代「孝景皇帝」、七代「孝武皇帝」（いわゆる漢の武帝）等がそれである。このことは漢帝国に於いて『孝経』が受け容れられたことを象徴するであろう。以後二千余年、『孝経』は『論語』とともに、五経に次ぐ経書として伝承されていったのである。

五　『孝経』の参考書

『孝経』に関する参考書の数は多いが、以下に比較的入手が容易で、且つ学術的な「翻訳書」を紹介し、これに簡単な解題を附した。そして『孝経』について更に関心を深めたい方のために、四人の研究者の専門書を紹介している。ただしこれは書名を挙げるにとどめた。

【翻訳書】

○武内義雄・坂本良太郎『孝経・曾子』旧版岩波文庫　一九四〇年

武内義雄氏（一八八六―一九六六）は、旧版岩波文庫の『論語』・『老子』を始めとする中国古典（思想関係）を担当しているが、本書は坂本良太郎氏が起稿し、武内氏が監修したもの。一九九七年に岩波文庫創刊七〇年の記念復刊として発行された第四刷のカバーには、「『孝経』は孔子が弟子の曾子に孝の道を説いた書で、戦前の道徳教育に大きな影響を与えた。曾子学派の思想を伝える『曾子』を併収」とある。底本は今文の石台『孝経』であるが、他の今文・古文を含めた諸本との文字の異同を記述して詳細である。しかし現代語訳は無く、訓読文と簡単な注釈のみで構成され、しかも戦前の旧字体表記のため、現代の読者にはかなり難読書となってしまった。ただし併収の『曾子』と「曾子集語」は貴重である。

○林　秀一『孝経』明徳出版社・中国古典新書　一九七九年

林秀一氏（一九〇二―一九八〇）は、後掲『孝経』研究の専門書の著者として、二〇世紀の日本における『孝経』研究の第一人者と言ってよかろう。本書の底本は内藤湖南旧蔵（国宝）の仁治二年清原教隆校点「古文孝経孔氏伝旧鈔本」であるから、古文『孝経』の翻訳だということになる。「古文孝経序」とともに、本文・訓読文・注釈・現代語訳・余説から成る。なお「解説」部分の「伝来」の、特に「日本における伝来」、また「註釈書」は極めて詳細であり、今日でもなお有益である。本訳書「解説」で言及しなかった項目であり、関心のある方は、この書によって補っていただきたい。

○栗原圭介『孝経』　明治書院・新釈漢文大系　一九八六年

底本は林氏と同様の「古文孝経孔氏伝旧鈔本」であり、まま林氏の文章を襲う部分が見られるが、新釈漢文大系の体裁にならった、最も詳細な翻訳書・注釈書である。本文・訓読文・翻訳文、そして語釈・余釈・余説から成る。栗原圭介氏（一九一三―二〇一三）は礼学の専家で、「余説では、礼文献を初めとする諸文献によって、孝成立の支持基盤を解明する一助にと思い努めて礼との関係を明らかにしようとした」とあるように、時として『孝経』を越える礼制の詳細な解説が本書の特徴となっている。附録として「『孝経』と『詩』」を採録する。

○竹内弘行『孝経』　たちばな書店・タチバナ教養文庫　二〇〇七年

底本は冨山房の漢文大系本、すなわち「開元始注本」で、翻訳もこれに基づく。「はじめに」に於いて、「『孝経』を訳出して、読書界に提供するのは、二千年も前に出現したこの書が、現代社会の歪みを認識させ、その解決のためのヒントを提供している可能性は十分にあると思うからである」と述べる。竹内弘行氏（一九四四―）は『中国の儒教的近代化論』(研文出版　一九九六）の著書で知られる近代儒教研究の専家である。文庫本として翻訳文・訳注ともに簡明である。また附篇の庄兵氏編「孝経文献案内」も簡にして要を得た解説となっている。やはり本訳書「解説」

で言及しなかった項目であり、関心のある方は、この書によって補っていただきたい。

○加地伸行『孝経』講談社・学術文庫　二〇〇七年

加地伸行氏（一九三六—）は現在の日本に於ける中国思想研究者の代表的存在であり、加地氏を『孝経』研究の専家に限定するのは極めて不適切であるが、林秀一氏以後の日本に於ける『孝経』研究の第一人者であることに間違いはない。

序の「私は、五十年前、卒業論文「『孝経』の成立」を書いて以来、孝を研究し続け、資料も集め続けてきた。その延長上に、〈宗教性としての孝〉の上に立つ〈宗教としての儒教〉という新概念を創出し、独立した学説を立てることができた」という言葉に、加地氏の自信のほどが伺えるであろう。さらに『孝経』とは、「単に親への孝行を説く道徳の書ではなく、中国人の死生観・世界観が凝縮された書である」と述べる。

本書は大きく、第一部『孝経』訳注・第二部『孝経』とは何か・第三部『孝経』の歴史・第四部『孝経』・孝に関連して、から成るが、『孝経』の文庫本としての域をはるかに超えた中国思想史概論の書である。

訳注の底本は阮元「十三経注疏本」、すなわち今文『孝経』（「天宝重注本」）であるが、「開元始注本」に拠ったとおぼしき部分も見られるようである。そして現代語訳には、加地氏の独自な解釈が随所に見受けられる。また主として歴史学分野の研究者による『孝経』を漢代の政治状況に適合した文献と見なす業績に対しては、極めて批判的である。

【専門書】

○林　秀一『孝經述議復原に關する研究』（文求堂　一九五三年）
　中国語訳『孝經述議復原研究』喬秀岩・葉純芳・顧遷編訳（崇文書局有限公司　二〇一六年）新版附録「古文孝經孔傳述議讀本」
　『孝経学論集』（明治書院　一九七六年）
○池澤　優『「孝」思想の宗教学的研究　古代中国における祖先崇拝の思想史的発展』（東京大学出版会　二〇〇二年）
○加地伸行『孝研究—儒教基礎論』（加地伸行著作集Ⅲ　研文出版　二〇一〇年）
○佐野大介『「孝」の研究—孝経注釈と孝行譚の分析』（研文出版　二〇一六年）

古文孝經孔氏傳

古文孝經序　孔安國

孝經者何也。孝者人之高行、經常也。自有天地人民以來、而孝道著矣。上有明王、則大化滂流、充塞六合。若其無也、則斯道滅息。當吾先君孔子之世、周失其柄、諸侯力爭、道德既隱、禮誼又廢、至乃臣弑其君、子弑其父、亂逆無紀、莫之能正。是以夫子每於閒居、而歎述古之孝道也。夫子敷先王之教於魯之洙泗、門徒三千人、而達者七十有二也。貫首弟子顏回・閔子騫・冉伯牛・仲弓、性也。至孝之自然、皆不待諭而寤者也。其餘則悱悱憤憤、若存若亡。唯曾參躬行匹夫之孝、而未達天子諸侯以下、揚名顯親之事、因侍坐而諮問焉。故夫子告其誼、於是曾子喟然知孝之爲大也。遂集而錄之、名曰孝經、與五經竝行於世。逮乎六國、學校衰廢、及秦始皇焚書坑儒、孝經由是絕而不傳也。至漢興、建元之初、河閒王得而獻之。凡十八章、文字多誤、博士頗以教授。後魯共王使人壞夫子講堂、於壁中石函、得古文孝經二十二章、載在竹牒。其長尺有二寸、字科斗形。魯三老孔子惠抱詣京師、獻之天子。天子使金馬門待詔學士與博士羣儒、從隸字寫之。還子惠一通、以一通賜所幸侍中霍光。光甚好之、言爲口實。時王公貴人咸神祕焉、比於禁方。天下競欲求學、莫能得者。每使者至魯、輒以人事請索。或好事者、募以錢帛、用相問遺。魯吏有至帝都者、無不齎持以爲行路之資。故古文孝經初出於孔氏。而今文十八章、諸儒各任意巧說、分爲數家之誼。淺學者、以當六經、其大車載不勝、反云「孔氏無古文孝經」、欲矇時人。度其爲說、誣亦甚矣。吾愍其如此、發憤精思、爲之訓傳。悉載本文、萬有餘言、朱以發經、墨以起傳。庶後學者覩正誼之有在也。今中祕書皆以魯三老所獻古文爲正。河間王所上雖多誤、然以先出之故、諸國往往有之。漢先帝發詔稱其辭者、皆言「傳曰」、其實今文孝經也。昔吾逮從伏生論古文尚書誼、時學士會、云「出叔孫氏之門」、自道「知孝經有師法」。其說「移風易俗、莫善於樂」、謂「爲天子用樂、省萬邦之風、以知其盛衰。衰則移之以貞盛之教、淫則移之以貞固之風。皆以樂聲知之、知則移之。故云『移風易俗、莫善於樂』也。又師曠云『吾驟歌南風、多死聲。楚必無功』、卽其類也」。且曰「庶民之愚、安能識音、而可以樂移之乎」。當時眾人僉以爲善。吾嫌其說迂、然無以難之。後推尋其意、殊不得爾也。子游爲武城宰、作絃歌以化民。武城之下邑、而猶化之以樂。故傳曰、「夫樂以關山川之風、以曜德於廣遠。風德以廣之、風物以聽之、脩詩以詠之、脩禮以節之」。又曰、「用之邦國焉、用之卿人焉」。此非唯天子用樂明矣。夫雲集而龍興、虎嘯而風起。物之相感、有自然者、不可謂毋也。胡笳吟動、馬蹀而悲、黃老之彈、嬰兒起舞。庶民之愚、愈於胡馬與嬰兒也、何爲不可以樂化之。經又云、「敬其父、則子說。敬其君、則臣說」。而說者以爲、「各自敬其爲君父之道、臣子乃說也」。余謂不然。君雖不君、臣不可以不臣。父雖不父、子不可以不子。若君父不敬其爲君父之道、則臣子便可以忿之邪。此說不通矣。吾爲傳、皆弗之從焉也。

《孝經》とは何ぞや。「孝」とは人の高行、「經」は常なり。天地・人民有りてより以來にして、孝道著る。上に明王有らば、則ち大化は滂流し、六合に充塞す。若し其れ無くんば、則ち斯道は滅息せん。吾が先君孔子の世に當たり、周は其の柄を失ひ、諸侯は力もて爭ひ、道德は旣に隱れ、禮誼は又た廢れ、乃ち臣 其の君を弑し、子 其の父を弑し、亂逆 紀無きも、之れを能く正す莫きに至る。是を以て夫子 每に閒居に於いてして、古の孝道を歎述するなり。夫子 先王の教へを魯の洙泗に敷くや、門徒三千人、而して達する者は七十有二なり。貫首の弟子顔回・閔子騫・冉伯牛・仲弓は、性なり。至孝の自然なれば、皆な諭すを待たずして寤る者なり。其の餘は則ち悱悱憤憤、存するが若く亡ふが若し。唯だ曾參のみ躬ら匹夫の孝を行ふも、而も未だ天子・諸侯以下、「揚名」・「顯親」の事に逹せず、侍坐に因りて諮問す。故に夫子 其の誼を告げ、是に於て曾子 喟然として孝の 大爲るを知るなり。遂に集めて之れを錄し、名づけて《孝經》と曰ひ、《五經》と與に世に竝び行はる。六國に逮びて、學校 衰廢し、秦始皇の 書を焚き儒を坑にするに及び、《孝經》是に由りて絕えて傳はらざるなり。漢の興るに至り、建元の初め、河閒王 得て之れを獻ず。凡て十八章、文字に誤り多きも、博士 頗る以て教授す。後に魯共王 人をして夫子の講堂を壞たしめしとき、壁中の石函に於いて、《古文孝經》二十二章を得たるに、載せて竹牒に在り。其の長さ尺有二寸、字は科斗の形なり。魯の三老の孔子惠 抱きて京師に詣り、之れを天子に獻ず。天子 金馬門の待詔學士と博士羣儒とをして、隸字に從ひて之れを寫さしむ。子惠に一通を還し、一通を以て幸する所の侍中霍光に賜ふ。光 甚だ之れを好み、言ひて口實と爲す。時に王公貴人は咸な焉を神祕し、禁方に比す。天下 競ひて求めて學ばんと欲すれども、能く得る者莫し。使者 魯に至る每に、輒ち人事を以て請ひ索む。或いは事を好む者、募るに錢帛を以てし、用ひて相問遺す。魯の吏 帝都に至る者有らば、齎持して以て行路の資と爲さざるは無し。故に《古文孝經》初めて孔氏より出づ。而るに今文の十八章、諸儒各おの意に任せて巧說し、分かれて數家の誼と爲る。淺學の者、以て《六經》に當て、其の大車にも載するに勝へず、反つて「孔氏に《古文孝經》無し」と云ひ、時人を矇にせんと欲す。其の 說を爲すを度るに、誣ふること亦た甚し。吾れ其の此の如きを愍み、發憤精思し、之れが訓傳を爲る。悉く本文を載すること、萬有餘言、朱して以て經を發し、墨して以て傳を起こす。庶はくば後學の者 正誼の在ること有るを覩んことを。今 中祕書は皆な魯の三老の獻ずる所の《古文》を以て正と爲す。河間王の上る所 誤り多しと雖も、然れども先に出でしの故を以て、諸國には往往にして之れ有り。漢の先帝 詔を發して其の辭を稱する者は、皆な「傳に曰はく」と言ふも、其の實は《今文孝經》なり。昔し吾れ伏生に從ひて《古文尚書》の誼を論ずるに逮ぶに、時の學士 會して、「叔孫氏の門より出づ」と云ひ、自ら「《孝經》に師法有るを知る」と道ふ。其の「移風易俗、莫善於樂〔風を移し俗を易ふるに、樂より善きは莫し〕」を説くに、謂へらく「天子と爲りては樂を用ひ、萬邦の風を省みて、以て其の盛衰を知る。衰ふるときは則ち之れを移すに貞盛の教へを以てし、淫なるときは則ち之れを移すに貞固の風を以てす。皆な樂聲を以て之れを知り、知れば則ち之れを移す。故に『移風易俗、莫善於樂』と云ふなり。又た師曠の『吾れ驟しば南風を歌ふに、死聲多し。楚は必ず功無からん』〔《左傳》襄公十八年〕と云ふは、即ち其の類なり」と。且つ「庶民の愚なる、安んぞ能く音を識りて、樂を以て之れを移すべけんや」と曰ふ。當時の眾人は僉な以て善と爲す。吾れ其の説の迂なるを嫌へども、然れども以て之れを難ずること無し。後に其の意を推し尋ぬるに、殊に爾るを得ざるなり。子游 武城の宰と爲り、絃歌を作して以て民を化す〔《論語》陽貨篇〕。武城の下邑すら、而も猶ほ之れを化するに樂を以てす。故に傳に曰はく、「夫れ樂は以て山川の風を闓し、以て德を廣遠に曜す。德を風して以て之れを廣め、物を風して以て之れを聽き、《詩》を脩めて以て之れを詠じ、禮を脩めて以て之れを節す」〔《國語》晉語〕と。又た曰はく、「之れを邦國に用ひ、之れを卿人に用ふ」〔《毛詩》序〕と。此れ唯に天子のみ樂を用ふるに非ざること明らかなり。夫れ雲 集りて龍 興り、虎 嘯きて風 起る。物の相感ずるや、自ら然る者有れば、毋しと謂ふべからざるなり。胡笳吟動するや、馬蹀きて悲しみ、黄老の彈ずるや、嬰兒も起ちて舞ふ。庶民の愚も、胡馬と嬰兒とには愈れるに、何爲れぞ樂を以て之れを化すべからざらん。經に又た云ふ、「其の父を敬せば、則ち子は説ぶ。其の君を敬せば、則ち臣は説ぶ」と。而るに説く者以爲へらく、「各自に其の 君父爲るの道を敬せば、臣子は乃ち説ぶなり」と。余は謂へらく然らずと。君 君たらずと雖も、臣は以て臣たらざるべからず。父 父たらずと雖も、子は以て子たらざるべからず。若し君父 其の 君父爲るの道を敬せずんば、則ち臣子は便ち以て之れを忿るべけんや。此の説は通ぜざらん。吾れ傳を爲るに、皆な之れに從はざるなり。

開宗明義章第一

仲尼閒居、曾子侍坐。

〔「仲尼」者孔子字也。凡名有五品、有信、有誼、有象、有假、有類。以名生爲信、以德名爲誼、以類名爲象、取物爲假、取父爲類。仲尼首上汚、似尼丘山、故名曰丘、而字仲尼。孔子者男子之通稱也。仲尼之兄伯尼。「閒居」者、靜而思道也。「曾子」者男子之通稱也、名參。其父曾點、亦孔子弟子也。「侍坐」承事左右、問道訓也。〕

「仲尼」とは孔子の字なり。凡そ名づくるに五品有りて、信有り、誼有り、象有り、假有り、類有り。名を以て生ずるを信と爲し、德を以て名づくるを誼と爲し、類を以て名づくるを象と爲し、物に取るを假と爲し、父に取るを類と爲す。仲尼の首上の汚みたること、尼丘山に似たり、故に名づけて丘と曰ひて、仲尼を字とす。孔子とは男子の通稱なり。仲尼の兄は伯尼なり。「閒居」とは、靜にして道を思ふなり。「曾子」とは男子の通稱なり、名は參。其の父の曾點も、亦た孔子の弟子なり。「侍坐」とは左右に承事して、道の訓(おしへ)を問ふなり。

子曰、參、先王有至德要道、以訓天下。

〔「子」孔子也。師一而已、故不稱姓。「先王」先聖王也。「至德」孝德也。孝生於敬、敬者寡而悅者衆、故謂之「要道」也。「訓」教也。「道」者、扶持萬物、使各終其性命者也。施於人、則變化其行而之正理。故道在身、則言自順而行自正、事君自忠、事父自孝、與人自信、應物自治。一人用之、不聞有餘、天下行之、不聞不足。小取焉小得福、大取焉大得福。天下行之而天下服。是以總而言之、一謂之要道、別而名之、則謂之孝・弟・仁・誼・禮・忠・信也。〕

「子」は孔子なり。師は一なるのみ、故に姓を稱せず。「先王」は先の聖王なり。「至德」は孝の德なり。孝は敬に生じ、敬する者は寡くして悅ぶ者は衆し、故に之れを「要道」と謂ふなり。「訓」は教ふるなり。「道」なる者は、萬物を扶持し、各おのをして其の性命を終へしむる者なり〔形勢解〕。人に施さば、則ち其の行を變化して正理に之(ゆ)く。故に道 身に在らば、則ち言は自(おのづか)ら順ひて行は自ら正しく、君に事へて自ら忠に、父に事へて自ら孝に、人と與(とも)にして自ら信ぜられ、物に應じて自ら治まる〔形勢解〕。一人 之れを用ひて、餘有るを聞かず、天下 之れを行ひて、足らざるを聞かず。小しく取らば小しく福を得、大きく取らば大きく福を得ん。天下 之れを行ひて天下 服す〔白心篇〕。是(ここ)を以て總じて之れを言はば、一に之れを「要道」と謂ひ、別かちて之れに名づけば、則ち之れを孝・弟・仁・誼・禮・忠・信と謂ふなり。

民用和睦、上下亡怨。女知之乎。

〔言先王行要道奉理、則遠者和附、近者睦親也。所謂率己以化人也。廢此二誼、則萬姓不協、父子相怨、其數然也。問曾子、「女寧知先王之以孝道化民之若此也」。〕

先王 要道を行ひ理を奉じたれば、則ち遠き者は和附し、近き者は睦親するを言ふなり。謂はゆる「己を率ゐて以て人を化する」なり。此の二誼を廢せば、則ち萬姓 協はず、父子 相怨むは、其の數 然ればなり。曾子に問ふ、「女 寧ろ先王の 孝道を以て民を化するの此の若きを知るや」と。

曾子避席曰、參不敏、何足以知之。

〔「敏」疾也。曾子下席而跪、稱名答曰、參性遲鈍、見誼不疾、何足辱以知先王要道乎。蓋謙辭也。凡弟子請業及師之問、皆作而離席也。〕

「敏」は疾なり。曾子 席を下りて跪き、名を稱し答へて曰はく、「參の性は遲鈍、誼を見ること疾からざれば、何ぞ以て先王の要道を辱知するに足らんや」と。蓋し謙辭ならん。凡そ弟子 業を請ふ及び師の問ひには、皆な作ちて席を離るるなり。

子曰、夫孝、德之本也。教之所由生也。

〔孝道者乃立德之本基、教化所從生也。「德」者得也。天地之道得、則日月星辰不失其敍、寒燠雷雨不失其節。人主之化得、則羣臣同其誼、百官守其職、萬姓悅其惠、來世歌其治。父母之恩得、則子孫和順、長幼相承、親戚歡娛、姻族敦睦。道之美、莫精於德也。〕

孝道とは乃ち德を立つるの本基、教化の從りて生ずる所なり。「德」は得なり。天地の道 得られば、則ち日月星辰は其の敍を失はず、寒燠雷雨は其の節を失はず。人主の化 得られれば、則ち羣臣は其の誼を同じくし、百官は其の職を守り、萬姓は其の惠を悅び、來世は其の治を歌はん。父母の恩 得られれば、則ち子孫は和順し、長幼は相承け、親戚は歡娯し、姻族は敦睦す〔形勢解〕。道の美なるは、徳より精(くはし)きは莫きなり。

復坐。吾語女。

〔將開大道、欲其審聽、故令還復本坐、而後語之。夫避席答對、弟子執恭、告令復座、師之恩恕也。〕

將に大道を開かんとし、其の審かに聽くを欲す、故に本坐に還復せしめて、而る後に之れに語る。夫れ席を避けて答對するは、弟子の 恭を執るにて、告げて座に復(かへ)らしむるは、師の恩恕なり。

身體髮膚、受之父母、不敢毀傷、孝之始也。

〔本其所由也。人生稟父母之血氣、情性相通、分形異體、能自保全而無刑傷、則其所以爲「孝之始」者也。是以君子之道、謙約自持、居上不驕、處下不亂也。推敵能讓、在衆不爭、故遠於咎悔、而無凶禍之災焉也。〕

其の由る所に本づくなり。人の生まるるや父母の血氣を稟け、情性 相通ずるも、形を分け體を異にしたれば、能く自ら保全して刑傷する無きは、則ち其の「孝の始」と爲す所以の者なり。是(ここ)を以て君子の道は、謙約して自持し、上に居りて驕らず、下に處りて亂さざるなり。敵を推し能く讓り、衆に在りて爭はず、故に咎悔に遠ざかりて、凶禍の災ひ無きなり。

立身行道、揚名於後世、以顯父母、孝之終也。

〔「立身」者、立身於孝也。束修進德、志邁清風。遊于六藝之場、蹈于無過之地。乾乾日競、夙夜匪解。行其孝道、聲譽宣聞、父母尊顯於當時、子孫光榮於無窮。此則孝之終竟也。〕

「身を立つ」とは、身を孝に立つるなり。束修して徳に進み、志清風に邁き、六藝の場に遊び、無過の地を蹈み、乾乾として日に競ひ、夙夜解る匪く、其の孝道を行ひ、聲譽宣聞し、父母當時に尊顯し、子孫無窮に光榮す。此れ則ち孝の終竟なり。

夫孝始於事親、中於事君、終於立身。

〔言孝行之非一也。以事親言之、其爲孝也、非徒不毀傷父母之遺體而已。故略於上而詳於此、互相備矣。禮、男初生、則使人執桑弧蓬矢、射天地四方、示其有事。是故自生至于三十、則以事父母、接兄弟、和親戚、睦宗族、敬長老、信朋友爲始也。四十以往、所謂「中」也。仕服官政、行其典誼、奉法無貳、「事君」之道也。七十老致仕、懸其所仕之車、置諸廟、永使子孫鑒而則焉。「立身」之終、其要然也。〕

孝行の一に非ざるを言ふなり。親に事ふるを以て之れを言はば、其の孝爲るや、徒に父母の遺體を毀傷せざるのみに非ず。故に上に略して此に詳らかにし、互ひに相備ふるなり。禮にては、男の初めて生まれば、則ち人をして桑弧・蓬矢を執り、天地・四方を射しめ、其の事有るを示す。是の故に生まれてより三十に至らば、則ち父母に事へ、兄弟に接し、親戚に和み、宗族に睦み、長老を敬し、朋友に信なるを以て始と爲すなり。四十以往は、謂はゆる「中」なり。仕へて官政に服し、其の典誼を行ひ、法を奉じて貳く無きは、「君に事ふる」の道なり。七十には老いて致仕し、其の仕ふる所の車を懸け、諸を廟に置き、永く子孫をして鑒みて則らしむ。「身を立つる」の終り、其の要は然るなり。

大雅云、亡念爾祖、聿脩厥徳。

〔「大雅」者美文王之徳也。「無念」念也。「聿」述也。言當念其先祖而述脩其徳也。斷章取義、上下相成。所以終

始孝道、不以敢解倦者、以爲人子孫懼不克昌前烈、負累其先祖故也。〕
〈大雅〉は文王の徳を美みするなり。「無念」は念ふなり。「聿」は述ぶるなり。當に其の先祖を念ひて其の徳を述べ脩むべきを言ふなり。章を斷ちて義を取り、上下相成す。孝道を終始し、以て敢へて解倦せざる所以の者は、以爲へらく人の子孫の前烈を克昌せず、其の先祖を負累せんことを懼るるが故なり、と。

天子章第二

子曰、愛親者、不敢惡於人。
〔謂内愛己親、而外不惡於人也。夫兼愛無遺、是謂君心。上以順教、則萬民同風、旦暮利之、則從事勝任也。〕
内に己が親を愛して、外に人を惡まざるを謂ふなり。夫れ兼ね愛して遺す無きは、是れ君心を謂ふ。上順を以て教へば、則ち萬民風を同じくし、旦暮之れを利せば、則ち事に從ひ任に勝ふるなり〔版法解〕。
敬親者、不敢慢於人。
〔謂内敬其親、而外不慢於人、所以爲至德也。其至德以和天下、而長幼之節肅焉、尊卑之序辨焉。是故不遺老忘親、則九族無怨。爵授有德、則大臣興義。祿與有勞、則士死其制。任官以能、則民上功。刑當其罪、則治無詭。帥士以民之所載、則上下和。擧治先民之所急、則衆不亂。常行斯道也、故國有紀綱、而民知所以終始也。〕
内に其の親を敬して、外に人を慢らざるは、至德爲る所以を謂ふなり。其の至德にして以て天下を和し、而して長幼の節をば肅し、尊卑の序をば辨ず。是の故に老を遺さず親を忘れずんば、則ち九族に怨無し。爵をば有德に授けば、則ち大臣義に興る。祿有勞に與へば、則ち士其の制に死す。官に任ずるに能を以てせば、則ち民功を上ぶ。刑其の罪に當たらば、則ち治に詭り無し。士を帥ゐるに民の載する所を以てせば、則ち上下和す。治を擧ぐるに民の急なる所を先にせば、則ち衆は亂れず。常に斯の道を行ふや、故に國に紀綱有りて、民終始する所以を知るなり〔問篇〕。

愛敬盡於事親、然後德教加於百姓、刑于四海。

〔「刑」法也。百姓被其德、四海法其教。故身者正德之本也。治者耳目之詔也。立身而民化、德正而官辨。安危在本、治亂在身。故孝者「至德要道」也。有其人則通、無其人則塞也。〕

「刑」は法なり。百姓其の德を被り、四海其の教に法る。故に身は德を正すの本なり。治は耳目の詔なり。身を立てて民化し、德正しくして官辨ず。安危は本に在り、治亂は身に在り。故に孝は「至德要道」なり。其の人有らば則ち通じ、其の人無くば則ち塞がるなり〔君臣上篇〕。

蓋天子之孝也。

〔「蓋」者稱辜較之辭也。又陳其大綱、則綱目必擧。天子之孝道、不出此域也。〕

「蓋」とは辜較〔大略〕を稱するの辭なり。又た其の大綱を陳ねば、則ち綱目必ず擧がる。天子の孝道は、此の域を出でざるなり。

呂刑云、一人有慶、兆民賴之。

〔「呂刑」尚書篇名也。呂者國名、四嶽之後也。爲諸侯、相穆王、訓夏之贖刑、以告四方。「一人」謂天子也。「慶」善也。十億爲「兆」。言天子有善德、兆民賴其福也。夫明王設位、法象天地。是以天子稟命於天、而布德於諸侯。諸侯受命、而宣於卿大夫。卿大夫承教、而告於百姓。故諸侯有善、讓功天子、卿大夫有善、推美諸侯、

士庶人有善、歸之卿大夫、子弟有善、移之父兄、由于上之徳化也。〕

〈呂刑〉は《尚書》の篇名なり。呂は國名、四嶽の後なり。諸侯と爲り、穆王を相け、夏の贖刑を訓へて、以て四方に告ぐ。「一人」は天子を謂ふなり。「慶」は善なり。十億を「兆」と爲す。言ふこころは天子に善徳有らば、兆民 其の福に頼るなり、と。夫れ明王 位を設け、天地に法象す。是を以て天子は命を天より稟けて、徳を諸侯に布く。諸侯は命を受けて、卿大夫に宣ぶ。卿大夫は教を承けて、百姓に告ぐ。故に諸侯に善有らば、功を天子に讓り、卿大夫に善有らば、美を諸侯に推し、士庶人に善有らば、之れを卿大夫に歸し、子弟に善有らば、之れを父兄に移すは、上の徳化に由るなり。〔君臣上篇〕

諸侯章第三

子曰、居上不驕、高而不危。

〔「高」者必以下爲基、故居上位而不驕。莫不好利而惡害。其能與百姓同利者、則萬民持之。是以雖處高、猶不危也。〕

「高き」者は必ず下を以て基と爲す、故に上位に居りて驕らず。利を好みて害を惡まざるは莫し。其の能く百姓と利を同じくする者は、則ち萬民 之れを持す。是を以て高きに處ると雖も、猶ほ危ふからざるなり〔版法解〕。

制節謹度、滿而不溢。

〔有制有節、謹其法度、是守足之道也。知守其足、則雖滿而不盈溢矣。〕

制有り節有りて、其の法度を謹むは、是れ足るを守るの道なり。其の足るを守るを知らば、則ち滿つと雖も盈溢〔みちあふれる〕せざるなり。

高而不危、所以長守貴也。滿而不溢、所以長守富也。

〔皆自然也。先王疾驕、天道虧盈。不驕不溢、用能長守富貴也。是故自高者、必有下之。自多者、必有損之。故古之聖賢、不上其高、以求下人、不溢其滿、以謙受人、所以自終也。〕

皆な自ら然るなり。先王は驕(おご)るを疾(にく)み、天道は盈(み)つるを虧(か)く。驕らず溢(あふ)れざるは、用て能く長く富貴を守るなり。是の故に自ら高くする者は、必ず之れに下ること有り。自ら多くする者は、必ず之れを損すること有り。故に古の聖賢、其の高きに上らず、以て人に下るを求め、其の滿つるを溢れしめず、以て謙(へりくだ)りて人を受くるは、自ら終ふる所以なり。

富貴不離其身、然後能保其社稷、而和其民人。蓋諸侯之孝也。

〔有其德斯其爵矣。有其爵斯其社稷矣。居身於德、處尊於爵、據有社稷、行其政令、則人民和輯、四竟以寧。諸侯之孝道、其法如此也。〕

其の德を有(たも)つは斯れ其の爵なり。其の爵を有つは斯れ其の社稷なり。身を德に居き、尊を爵に處き、社稷を據有し、其の政令を行はば、則ち人民は和輯し、四竟は以て寧(やす)し。諸侯の孝道、其の法は此の如きなり。

詩云、戰戰兢兢、如臨深淵、如履薄冰。

〔詩小雅小旻之章、自危懼之詩也。行孝亦然、故取喩焉。臨深淵恐墜、履薄冰恐陷。言常不敢自康也。夫能自危者、則能安其位者也。憂其亡者、則能保其存者也。懼其亂者、則能有其治者也。故君子安而不忘危、存而不忘

亡、治而不忘亂。是以身安而國家可保也。〕

《詩》は〈小雅〉小旻の章、自ら危懼するの詩なり。孝を行ふも亦た然り、故に喩を焉に取る。深淵に臨まば墜ちんことを恐れ、薄冰を履まば陥らんことを恐る。常に敢へて自ら康んぜざるを言ふなり。夫れ能く自ら危ぶむ者は、則ち能く其の位に安んずる者なり。其の亡ぶるを憂ふる者は、則ち能く其の存するを保つ者なり。其の亂るるを懼るる者は、則ち能く其の治を有つ者なり。故に君子は安んずれども危ふきを忘れず、存すれども亡ぶるを忘れず、治むれども亂るるを忘れず。是を以て身は安くして國家をば保つべきなり。

卿大夫章第四

子曰、非先王之法服、不敢服。

〔「服」者身之表也。尊卑貴賤、各有等差。故賤服貴服、謂之僭上。僭上爲不忠。貴服賤服、謂之偪下。偪下爲失位。是以君子動不違法、擧不越制、所以成其德也。〕

「服」は身の表なり。尊卑貴賤には、各おの等差有り。故に賤 貴服を服する、之れを僭上と謂ふ。僭上は不忠爲り。貴 賤服を服する、之れを偪下と謂ふ。偪下は失位爲り。是を以て君子の動は法に違はず、擧は制を越えず、其の德を成す所以なり。

非先王之法言、不敢道。

〔「法言」謂孝・弟・忠・信・仁・誼・禮・典也。此八者不易之言也。非此則不說也。故能參德於天地、公平無私、

賢不肖莫不用。是先王之所以合于道也。〕

「法言」は孝・弟・忠・信・仁・誼・禮・典を謂ふなり。此の八者は不易の言なり。此に非ずんば則ち説かざるなり。故に能く德を天地に參し、公平無私なれば、賢不肖 用ひざるは莫し。是れ先王の 道に合する所以なり〔形勢解〕。

非先王之德行、不敢行。

〔脩德於身、行之於人。擬而後言、議而後動。擬議以其志、勤以行其典誼。中能應外、施必先當。是以上安而下化之也。〕

德を身に脩め、之れを人に行ふ。擬りて後に言ひ、議りて後に動く。擬・議するに其の志を以てし、勤めて以て其の典誼を行ふ。中 能く外に應じ、施 必ず先づ當たる。是を以て上 安んじて下 之れに化するなり。

是故非法不言、非道不行。

〔必合典法、然後乃言、必合道誼、然後乃行也。無定之士、明王不禮、無度之言、明王不許也。尤所宜愼、故申覆之。法服有制、是以不重也。〕

必ず典法に合して、然る後に乃ち言ひ、必ず道誼に合して、然る後に乃ち行ふなり。無定の士をば、明王は禮せず、無度の言をば、明王は許さざるなり〔形勢解〕。尤も宜しく愼むべき所なり、故に之れを申覆す。法服に制有り、是を以て重ねざるなり。

口無擇言、身無擇行。

〔言所可言、行所可行、故言行皆善、無可棄擇者焉。若夫偸得利而後有害、偸得樂而後有憂、則先王所不言、所

不行也。〕

言ふべき所を言ひ、行ふべき所を行ふ、故に言・行は皆な善にして、棄擇すべき者無し。夫の利を偸み得て而る後に害有り、樂を偸み得て而る後に憂ひ有るが若きは、則ち先王の言はざる所、行はざる所なり。〔形勢解〕

言滿天下無口過、行滿天下無怨惡。

〔聖人詳愼、與世超絕。發言必顧其累、將行必慮其難。故出言而天下悅之、所行而天下樂之。言不逆民、行不悖事、則人恐其不復言、恐其不復行。若言之不可復者、其事不信也。行之不可再者、其行暴賊也。言而不信、則民不附。行而暴賊、則天下怨。民不附、天下怨、此皆滅亡所從生也。〕

聖人の詳愼なること、世と超絕す。言を發せんとするや必ず其の累を顧み、將に行はんとするや必ず其の難を慮る〔形勢解〕。故に言を出だして天下之れを悅び、行ふ所にして天下之れを樂しむ。言は民に逆はず、行は事に悖らずば、則ち人は其の復た言はざるを恐れ、其の復た行はざるを恐る。若し言の復すべからざる者は、其の事不信なればなり。行の再びすべからざる者は、其の行暴賊なればなり。言ひて不信ならば、則ち民は附かず。行ひて暴賊ならば、則ち天下怨む。民の附かず、天下の怨むは、此れ皆な滅亡の從りて生ずる所なり〔形勢解〕。

三者備矣、然後能守其宗廟。蓋卿大夫之孝也。

〔「三者」謂服應法、言有則、行合道也。立身之本、在此三者。三者無闕、則可以安其位、食其祿、祭祀祖考、護守宗廟。「宗」者尊也。「廟」者貌也。父母既沒、宅兆其靈、於之祭祀、謂之尊貌。此卿大夫之所以爲孝也。〕

「三者」とは、服 法に應じ、言に則有り、行 道に合するを謂ふなり。身を立つるの本は、此の三者に在り。三者に闕くること無くんば、則ち以て其の位に安んじ、其の祿を食み、祖考を祭祀し、宗廟を護守すべし。「宗」とは尊なり。「廟」とは貌なり。父母 既に沒し、其の靈を宅兆し、之れに於いて祭祀する、之れを尊貌と謂ふ。此れ卿大夫の 孝と爲す所以なり。

詩云、夙夜匪解、以事一人。

〔詩大雅烝民、美仲山甫之章也。仲山甫爲周宣王之卿大夫、以事天子得其道、故取成誼焉。言其「柔嘉維則、令儀令色、小心翼翼、古訓是式、威儀是力」、「旣明且哲、以保其身」、皆與此誼同也。〕

《詩》は〈大雅〉烝民、仲山甫を美むるの章なり。仲山甫は周宣王の卿大夫と爲り、天子に事へて其の道を得るを以て、故に取りて誼を成す。言ふこころは其の「柔嘉にして維れ則あり、儀を令くし色を令くし、小心翼翼たり、古訓に是れ式り、威儀に是れ力め」、「旣に明にして且つ哲、以て其の身を保つ」は、皆な此の誼と同じきなり。

士章第五

子曰、資於事父以事母、其愛同。

〔「資」取也。取事父之道以事母、其愛同也。〕

「資」は取なり。父に事ふるの道を取りて以て母に事へ、其の愛は同じきなり。

資於事父以事君、其敬同。

〔言愛父與母同、敬君與父同也。〕

父を愛するは母と同じく、君を敬するは父と同じきを言ふなり。

故母取其愛、而君取其敬、兼之者父也。

〔母至親而不尊、君至尊而不親、唯父兼尊親之誼焉。夫至親者、則敬不至、至尊者、則愛不至、人常情也。是故爲人父者、不明父子之誼以教其子、則子不知爲子之道以事其父。爲人君者、不明君臣之誼以正其臣、則臣不知爲臣之理以事其主。君臣以誼固、上下以序和、衆庶以愛輯、則主有令而民行之、上有禁而民不犯矣。〕

母は至親なれども尊からず、君は至尊なれども親しからず、唯だ父のみ尊・親の誼を兼ぬるなり。夫れ至親なる者には、則ち敬至らず、至尊なる者には、則ち愛至らざるは、人の常情なり。是の故に人の父爲る者、父子の誼を明らかにして以て其の子に教ふることをせずんば、則ち子は子爲るの道を知りて以て其の父に事ふることをせず。人の君爲る者、君臣の誼を明らかにして以て其の臣を正すことをせずんば、則ち臣は臣爲るの理を知りて以て其の主に事ふることをせず。君臣誼を以て固く、上下序を以て和し、衆庶愛を以て輯（あつま）らば、則ち主に令有りて民は之れを行ひ、上に禁有りて民は犯さざるなり〔形勢解〕。

故以孝事君則忠、

〔「孝」者子婦之高行也。「忠」者臣下之高行也。父母教而得理、則子婦孝。子婦孝、則親之所安也。能盡孝以順親、則當於親。當於親、則美名彰。人君寛而不虐、則臣下忠。臣下忠、則君之所用也。能盡忠以事上、則當於君。當於君、則爵祿至。是故執人臣之節以事親、其孝可知也。操事親之道以事君、其忠必矣。〕

「孝」とは子婦の高行なり。「忠」とは臣下の高行なり。父母教へて理を得ば、則ち子婦は孝なり。子婦孝ならば、則ち親の安んずる所なり。能く孝を盡くして以て親に順はば、則ち親に當たる。親に當たらば、則ち美名彰（あらは）る。人君寛にして虐せずんば、則ち臣下は忠なり。臣下忠ならば、則ち君の用ふる所なり。能く忠を盡くして以て上に事へば、則ち君に當たる。君に當たらば、則ち爵祿至る〔形勢解〕。是の故に人臣の節を執りて以て親に事へば、其の孝は知るべきなり。事親の道を操りて以て君に事へば、其の忠は必せり。

以敬事長則順。

〔「弟」者善事兄之謂也。「順」生於弟。故觀其所以事兄、則知所以事長也。〕

「弟」とは善く兄に事ふるの謂なり。「順」は弟に生ず。故に其の兄に事ふる所以を観れば、則ち長に事ふる所以を知るなり。

忠順不失、以事其上、然後能保其爵祿、而守其祭祀。蓋士之孝也。

〔「上」謂君長也。此撮凡舉要、申解爲士之誼。所以「能保其爵祿、而守其祭祀」者、則以其不失忠順於君長故也。〕

「上」は君長を謂ふなり。此れ凡を撮り要を舉げ、士爲るの誼を申解す。「能く其の爵祿を保ちて、其の祭祀を守る」所以は、則ち其の忠順を君長に失はざるを以ての故なり。

詩云、夙興夜寐、無忝爾所生。

〔詩小雅小宛之章也。言日月流邁、歳不我與、當夙起夜寐、進德修業、以無忝辱其父母也。能「揚名」、「顯父母」、保位、守祭祀、非以孝弟、莫由至焉也。〕

《詩》は〈小雅〉小宛の章なり。日月流邁し、歳我れと與にせず、當に夙に起き夜に寐ね、徳に進み業を修めて、以て其の父母を忝辱する無かるべきを言ふなり。能く「名を揚げ」、「父母を顯はし」、位を保ち、祭祀を守るは、孝弟を以てするに非ずんば、由りて至る莫きなり。

庶人章第六

子曰、因天之時、就地之利、

〔「天時」謂春生、夏長、秋收、冬藏也。「地利」謂原隰・水陸、各有所宜也。庶人之業、稼穡爲務、審因四時、就於地宜、除田擊槁、深耕疾耰。時雨既至、播殖百穀、挾其槍刈、脩其壟畒。脱衣就功、暴其髪膚、旦暮從事、霑體塗足、少而習焉、其心休焉。是故其父兄之教、不肅而成、其子弟之學、不勞而能也。〕

「天の時」とは春の生じ、夏の長じ、秋の收め、冬の藏するを謂ふなり。「地の利」とは原隰・水陸、各おの宜しき所有るを謂ふなり。庶人の業、稼穡をば務と爲し、審かに四時に因り、地宜に就き、田を除き槁を擊ち、深く耕し疾く耰る。時雨既に至らば、百穀を播殖し、其の槍刈を挾み、其の壟畒を脩む。衣を脱ぎて功に就き、其の髪膚を暴し、旦暮に事に從ひ、體を霑し足に塗り、少くして焉を習はば、其の心休まる。是の故に其の父兄の教ふるや、肅ならずして成り、其の子弟の學ぶや、勞せずして能くするなり〔小匡解〕。

謹身節用、以養父母。此庶人之孝也。

〔「謹身」者、不敢犯非也。「節用」者、約而不奢也。不爲非、則無患、不爲奢、則用足、身無患悔、而財用給足、

以恭事其親。此庶人之所以爲孝也。〕

「身を謹む」とは、敢へて非を犯さざるなり。「用を節す」とは、約して奢らざるなり。非を爲さずんば、則ち患ひ無く、奢を爲さずんば、則ち用は足り、身に患悔無くして、財用給足し、以て其の親に恭事す。此れ庶人の孝を爲す所以なり。

孝平章第七

子曰、故自天子以下至於庶人、

〔「故」者、故上陳孝五章之誼也。〕

「故」とは、上に孝を陳ぶる五章の誼を故とするなり。

孝亡終始、而患不及者、未之有也。

〔躬行孝道、尊卑一揆。人子之道、所以爲常也。必有終始、然後乃善。其不能終始者、必及患禍矣。故爲君而惠、爲父而慈、爲臣而忠、爲子而順、此四者人之大節也。大節在身、雖有小過、不爲不孝。爲君而虐、爲父而暴、爲臣而不忠、爲子而不順、此四者人之大失也。大失在身、雖有小善、不得爲孝。上章既品其爲孝之道、此又總説其終始之咎、以勉人爲高行也。〕

躬ら孝道を行ふは、尊卑一揆なり。人子の道の、常と爲す所以なり。必ず終始有りて、然る後に乃ち善なり。其の終始する能はざる者は、必ず患禍に及ばん。故に君と爲りて惠、父と爲りて慈、臣と爲りて忠、子と爲りて順、此の四者は人の大節なり。大節身に在らば、小過有りと雖も、不孝と爲さず。君と爲りて虐、父と爲りて暴、臣と爲りて不忠、子と爲りて不順、此の四者は人の大失なり。大失身に在らば、小善有りと雖も、孝と爲すを得ず〔形勢解〕。上章に既に其の孝を爲すの道を品し、此に又た其の終始の咎を總説し、以て人の高行を爲すを勉むるなり。

三才章第八

曾子曰、甚哉、孝之大也。

〔曾子聞孝爲德本、化所由生、自天子達庶人焉、行者遇福、不用者蒙患、然後乃知孝之爲甚大也。〕

曾子孝は德の本爲りて、化の由りて生ずる所、天子より庶人に達するまで、行ふ者は福に遇ひ、用ひざる者は患を蒙るを聞き、然る後に乃ち孝の甚だ大爲(た)るを知るなり。

子曰、夫孝天之經也、地之誼也、民之行也。

〔「經」常也。「誼」宜也。「行」所由也。亦皆謂常也。夫天有常節、地有常宜、人有常行。一設而不變、此謂三常也。孝其本也。兼而統之、則人君之道也。分而殊之、則人臣之事也。君失其道、無以有其國。臣失其道、無以有其位。故上之畜下不妄、下之事上不虛、孝之致也。〕

「經」は常なり。「誼」は宜なり。「行」は由る所なり。亦た皆な常を謂ふなり。夫れ天に常節有り、地に常宜有り、人に常行有り。一たび設けて變らず、此れ三常を謂ふなり。孝は其の本なり。兼ねて之れを統ぶるは、則ち人君の道なり。分かちて之れを殊にするは、則ち人臣の事なり。君其の道を失はば、以て其の國を有(たも)つ無し。臣其の道を失はば、以て其の位を有つ無し。故に上の下を畜(やしな)ふこと妄ならず、下の上に事ふること虚ならざるは〔君臣上篇〕、孝の致すものなり。

天地之經、而民是則之。

〔「是」是此誼也。「則」法也。治安百姓、人君之則也。訓護家事、父母之則也。諫爭死節、臣下之則也。盡力善養、子婦之則也。人君不易其則、故百姓悅焉。父母不易其則、故家事脩焉。臣下不易其則、故主無愆焉。子婦不易其則、故親養具焉。斯皆法天地之常道也。是故用則者安、不用則者危也。〕

「是」とは此の誼と是とするなり。「則」は法なり。百姓を治安するは、人君の則なり。家事を訓護するは、父母の則なり。諫爭して節に死するは、臣下の則なり。力を盡くして善く養ふは、子婦の則なり。人君 其の則を易へず、故に百姓 悅ぶ。父母 其の則を易へず、故に家事 脩まる。臣下 其の則を易へず、故に主に愆無し。子婦 其の則を易へず、故に親養 具はる。斯れ皆な天地の常道に法るなり。是の故に則を用ふる者は安く〔形勢解〕、則を用ひざる者は危ふきなり。

則天之明、因地之利、以訓天下。

〔夫覆而無外者、天也。其德無不在焉。載而無棄者、地也。其物莫不殖焉。是以聖人法之、以覆載萬民。萬民得職而莫不樂用。故天地不爲一物枉其時、日月不爲一物晦其明、明王不爲一人枉其法。法天合德、象地無親、取日月之無私、則兆民賴其福也。〕

夫れ覆ひて外無き者は、天なり。其の德 在らざるは無きなり。載せて棄つる無き者は、地なり。其の物 殖せざるは莫きなり。是を以て聖人 之れに法りて、以て萬民を覆載す。萬民 職を得て用を樂しまざるは莫し〔版法解〕。故に天地は一物の爲めには其の時を枉げず、日月は一物の爲めには其の明を晦せず、明王は一人の爲めには其の法を枉げず〔白心篇〕。天の徳を合するに法り、地の親しみ無きに象り、日月の私無きに取らば〔版法解〕、則ち兆民其の福に頼るなり。

是以其教弗肅而成、其政不嚴而治。

〔以其脩則且有因也。登山而呼、音達五十里、因高之響也。造父執御、千里不疲、因馬之勢也。聖人因天地以設法、循民心以立化。故不加威肅、而教自成、不加嚴刑、而政自治也。〕

其の則を脩め且つ因ること有るを以てなり。山に登りて呼び、音五十里に達するは、高きに因るの響なり。造父御を執り、千里にして疲れざるは、馬に因るの勢なり。聖人天地に因りて以て法を設け、民心に循ひて以て化を立つ。故に威肅を加へずして、教へ自ら成り、嚴刑を加へずして、政自ら治まるなり。

先王見教之可以化民也。

〔識見教化終始之歸、故設之焉。〕

教化の終始の歸を識見す、故に之れを設く。

是故先之以博愛、而民莫遺其親、

〔「博愛」、汎愛衆也。先垂博愛之教、以示親親也。故民化之、而無有遺忘其親者也。〕

「博愛」は、汎く衆を愛するなり。先づ博愛の教を垂れて、以て親に親しむを示すなり。故に民之れに化して、其の親を遺忘する者有る無きなり。

陳之以德誼、而民興行。

〔「陳」布也。布德誼以化天下、故民起而行德誼也。〕

「陳」は布なり。徳誼を布きて以て天下を化す、故に民起ちて徳誼を行ふなり。

先之以敬讓、而民弗爭。

〔上爲敬、則下不慢。上好讓、則下不爭。上之化下、猶風之靡草、故毎輒以己率先之也。〕

上敬を爲さば、則ち下は慢らず。上讓を好まば、則ち下は爭はず。上の下を化するは、猶ほ風の草を靡かすがごとし、故に毎に輒ち己を以て之れに率先するなり。

導之以禮樂、而民和睦。

〔禮以強教之、樂以悦安之。君有父母之恩、民有子弟之敬。於是乎道之斯行、綏之斯來、動之斯和、感之斯睦也。〕

禮は以て之れを強教し、樂は以て之れを悦安す。君に父母の恩有り、民に子弟の敬有り。是に於いてか之れを道びかば斯に行はれ、之れを綏んぜば斯に來たり、之れを動かさば斯に和し、之れを感ぜしむれば斯に睦むなり。

示之以好惡、而民知禁。

〔「好」謂賞也。「惡」謂罰也。賞罰明而不加欺、法禁行而不可犯、分職察而不可亂、人君所以令行而禁止也。令行禁止者、必先令於民之所好、而禁於民之所惡、然後詳其鈇鉞、愼其祿賞焉。有不聽而可以得存者、是號令不足以使下也。有犯禁而可以得免者、是鈇鉞不足以威眾也。有無功而可以得富者、是祿賞不足以勸民也。號令不足以使下、鈇鉞不足以威眾、祿賞不足以勸民、則人君無以自守之也。〕

「好」は賞を謂ふなり。「惡」は罰を謂ふなり。賞罰明らかにして欺を加へず、法禁行はれて犯すべからず、分職察せられて亂るべからざるは〔明法解〕、人君の令の行はれて禁の止む所以なり。令の行はれて禁の止むは、必ず先づ民の好む所を令して、民の惡む所を禁じ〔形勢解〕、然る後に其の鈇鉞を詳かにし、其の祿賞を愼む。聽かずして以て存するを得べき者有るは、是れ號令以て下を使ふに足らざるなり。禁を犯して以て免るるを得べき者有るは、是れ鈇鉞以て衆を威すに足らざるなり。功無くして以て富を得べき者有るは、是れ祿賞以て民を勸むるに足らざるなり。號令以て下を使ふに足らず、鈇鉞以て衆を威すに足らず、祿賞以て民を勸むるに足らずんば、則ち人君以て自ら之れを守ること無きなり〔版法解〕。

詩云、赫赫師尹、民具爾瞻。

〔詩小雅節南山之章也。「赫赫」、顯盛也。「師」太師、「尹氏」、周之三公也。「具」皆也。「爾」女也。言居顯盛之位、衆民皆瞻仰之、所行不可以違天地之經也。善惡則民從、故有位者愼焉。〕

《詩》は〈小雅〉節南山の章なり。「赫赫」は、顯盛なり。「師」は太師、「尹氏」は、周の三公なり。「具」は皆なり。「爾」は女なり。顯盛の位に居り、衆民皆な之れを瞻仰し、行ふ所以て天地の經に違ふべからざるを言ふなり。善惡は則ち民從ふ、故に位を有つ者は焉に愼む。

孝治章第九

子曰、昔者明王之以孝治天下也、

〔所謂「明」者、照臨羣下、必得其情也。故下得道上、賤得道貴。卑者不待尊寵而亢、大臣不因左右而進。百官修道、各奉其職。有罰者、主亢其罪、有賞者、主知其功。亢知不悖、賞罰不差、有不蔽道、故曰「明」。所謂

「孝」者、「至德要道」也。「治」亦訓也。若乃蒞官不忠、非孝也。不愛萬物、非孝也。接下不惠、非孝也。事上不敬、非孝也。〕

謂はゆる「明」とは、羣下を照臨し、必ず其の情を得ることなり。故に下 上に道ふことを得、賤 貴に道ふことを得。卑者は尊寵を待たずして亢く、大臣は左右に因らずして進む。百官 道を修め、各おの其の職を奉ず。罰有る者は、主 其の罪を亢くし、賞有る者は、主 其の功を知る。亢・知 悖らず、賞罰 差はず、道を蔽はざる有り〔明法解〕、故に「明」と曰ふ。謂はゆる「孝」とは、「至德要道」なり。「治」も亦た訓ふるなり。乃ち官に蒞みて不忠なるが若きは、孝に非ざるなり。萬物を愛せざるは、孝に非ざるなり。下に接して不惠なるは、孝に非ざるなり。上に事へて不敬なるは、孝に非ざるなり。

弗敢遺小國之臣。而況於公・侯・伯・子・男乎。

〔「小國之臣」、臣之卑者也。「公・侯・伯・子・男」凡五等、皆國君之尊爵也。卑猶不敢遺忘、尊者見敬可知也。〕

「小國の臣」は、臣の卑しき者なり。「公・侯・伯・子・男」の凡そ五等は、皆な國君の尊爵なり。卑しきすら猶ほ敢へて遺忘せざれば、尊者の敬せらるること知るべきなり。

故得萬國之歡心、以事其先王。

〔「萬國」者舉盈數也。明王崇愛敬以接下、則下竭歡心而應之。是故損上益下、民悅無疆。自上下下、其道大光。「事」之者、謂四時享祀駿奔走在廟也。〕

「萬國」とは盈數を舉ぐるなり。明王 愛敬を崇びて以て下に接せば、則ち下は歡心を竭くして之れに應ず。是の故に上を損して下に益さば、民は悅ぶこと疆り無し。上より下に下るは、其の道 大いに光る。之れに

「事ふ」とは、四時の享祀に駿に奔走して廟に在るを謂ふなり。

治國者弗敢侮於鰥寡。而況於士民乎。

〔「鰥寡」之人、人之尤疲弱者、猶且不侮慢之、況於士民乎。〕

「鰥寡」の人は、人の尤も疲弱なる者なるに、猶ほ且つ之れを侮慢せず、況んや士民に於いてをや。

故得百姓之歡心、以事其先君。

〔説天子言「先王」、道諸侯言「先君」、皆明其祖考也。凡民愛之則親、利之則至。是以明君之政、設利以致之、明愛以親之。若徒利而不愛、則衆不親。徒愛而不利、則衆不至。愛利倶行、衆乃悦也。〕

天子に説きて「先王」と言ひ、諸侯に道ひて「先君」と言ふは、皆な其の祖考を明らかにするなり。凡そ民 之れを愛するときは則ち親しみ、之れを利するときは則ち至る。是を以て明君の政、利を設けて以て之れを致し、愛を明らかにして以て之れに親しむ。若し徒だ利するのみにして愛せずんば、則ち衆は親しまず。徒だ愛するのみにして利せずんば、則ち衆は至らず。愛・利倶に行はば、衆は乃ち悦ぶなり〔版法解〕。

治家者弗敢失於臣妾之心。而況於妻子乎。

〔卿大夫稱「家」。「臣」之與「妾」、賤人也。「妻」之與「子」、貴者也。接賤不失禮、則其敬貴必也。〕

卿大夫には「家」と稱す。「臣」と「妾」とは、賤しき人なり。「妻」と「子」とは、貴き者なり。賤しきものに接するに禮を失はずんば、則ち其の貴きものを敬すること必せり。

故得人之歡心、以事其親。

〔「人」謂采邑之人也。愛利不失、得其「歡心」、所以供事其親。不言「先」者、大夫以賢擧、包父祖之見在也。〕

「人」とは采邑の人を謂ふなり。愛・利をば失はず、其の「歡心」を得るは、供に其の親に事ふる所以なり。「先」と言はざるは、大夫賢を以て擧げられ、父祖の見在するを包ぬればなり。

夫然、故生則親安之、祭則鬼享之。

〔「夫然」猶言是如。生盡孝養、故「親安之」。祭致齊敬、故「鬼享之」、謂其祖考也。〕

「夫れ然り」とは猶ほ「是の如し」と言ふがごとし。生きては孝養を盡くす、故に「親之れに安んず」。祭には齊敬を致す、故に「鬼之れを享く」とは、其の祖考を謂ふなり。

是以天下和平、災害不生、禍亂不作。

〔上下行孝、愛敬交通、「天下和平」、人和神悦。故妖孽不生、「禍亂」不起也。〕

上・下孝を行ひ、愛・敬交ごも通じ、「天下和平し」、人は和し神は悦ぶ。故に妖孽は生ぜず、「禍亂」は起きざるなり。

故明王之以孝治天下也如此。

〔「如此」福應也。行善則休徵報之、行惡則咎徵隨之、皆行之致也。此有諸侯及卿大夫之事、而主於明王者、下之能孝、化於上也。〕

「此の如く」福應ずるなり。善を行はば則ち休徵之れに報い、惡を行はば則ち咎徵之れに隨ふは、皆な行の致すものなり。此に諸侯及び卿大夫の事有れども、而も「明王」を主とするは、下の能く孝なるは、上に化せらるればなり。

詩云、有覺德行、四國順之。

〔詩大雅抑之章也。「覺」直也。言先王行正直之徳、則四方之衆國皆順從法則也。〕

《詩》は〈大雅〉抑の章なり。「覺」は直なり。先王 正直の徳を行はば、則ち四方の衆國 皆な法則に順從するを言ふなり。

聖治章第十

曾子曰、敢問聖人之徳、亡以加於孝乎。

〔曾子聞明王以孝道化天下、如上章之詳、故知聖人建徳、無以尚於孝矣。〕

曾子 明王の 孝道を以て天下を化すること、上章の詳しきが如きを聞く、故に聖人の 徳を建つるや、以て孝に尚(くは)ふる無きを知れり。

子曰、天地之性、人爲貴。人之行、莫大於孝。

〔「性」生也。言凡生天地之間、含氣之類、人最其貴者也。正君臣・上下之誼、篤父子・兄弟・夫妻之道、辨男女・内外・疏數之節、章明福慶、示以廉恥、所以爲貴也。孝者徳之本、教之所由生也。故人之行、莫大於孝焉。〕

「性」は生なり。凡そ天地の間に生まれ、含氣の類、人は最も其の貴き者なるを言ふなり。君臣・上下の誼を正し、父子・兄弟・夫妻の道を篤くし、男女・内外・疏數の節を辨じ〔版法解〕、福慶を章明し、示すに廉恥を以てするは、「貴と爲す」所以なり。孝なる者は徳の本、教への由りて生ずる所なり。故に「人の行、孝より大なるは莫し」。

孝莫大於嚴父。嚴父莫大於配天、則周公其人也。

〔「嚴」尊也。言爲孝之道、無大於尊嚴其父以配祭天帝者。「周公」親行此莫大之誼、故曰「則其人也」。〕

「嚴」は尊なり。孝を爲すの道は、其の父を尊嚴して以て天帝に配祭するより大なる者無きを言ふ。「周公」親ら此の莫大の誼を行ふ、故に「則ち其の人なり」と曰ふ。

昔者周公郊祀后稷以配天、

〔凡禘祫祖宗、皆祭祀之別名也。天子祭天、周公攝政、制之祀典也。於祭天之時、后稷佑坐、而配食之也。〕

凡そ禘祫・祖宗は、皆な祭祀の別名なり。天子は天を祭り、周公は政を攝り、之れが祀典を制するなり。祭天の時に於いて、后稷をば佑坐せしめて、之れを配食するなり。

宗祀文王於明堂以配上帝。

〔上言「郊祀」、此言「宗祀」、取名雖殊、其義一也。明堂禮誼之堂、卽周公相成王所以朝諸侯者也。「上帝」亦天也。文王於明堂、后稷於圜丘也。〕

上に「郊祀」と言ひ、此に「宗祀」と言ひ、名を取ること殊りと雖も、其の義は一なり。「明堂」は禮誼の堂、卽ち周公の成王を相けて諸侯を朝せしむる所以の者なり。「上帝」も亦た天なり。文王をば明堂に於いてし、后稷をば圜丘に於いてするなり。

是以四海之內、各以其職來祭。夫聖人之德、又何以加於孝乎。

〔人主以孝道化民、則民一心而奉其上。萬姓之事、固非用威烈、以忠愛也。周公秉人君之權、採必化之道、以治必用之民、處人主之勢、以御必服之臣。是以教行而下順、海內公侯、奉其職貢、咸來助祭。聖孝之極也、復何以加於孝乎。〕

人主 孝道を以て民を化せば、則ち民は心を一にして其の上に奉ず。萬姓の事、固より威烈を用ふるに非ず、忠愛を以てするなり。周公 人君の權を秉り、必化の道を採りて、以て必用の民を治め、人主の勢に處りて、以て必服の臣を御す〔版法解〕。是を以て教へ行はれて下は順ひ、海内の公侯、其の職貢を奉じ、咸な來たりて祭を助く。聖孝の極なれば、復た何を以て孝に加へんや。

是故親生毓之、以養父母日嚴。

〔育之者父母也。故其敬父母之心、生於育之恩。是以愛養其父母、而致尊嚴焉。〕

之れを育つる者は父母なり。故に其の 父母を敬するの心は、育の恩に生ず。是を以て其の父母を愛養して、尊嚴を致すなり。

聖人因嚴以教敬、因親以教愛。

〔言其不失於人情也。其因有尊嚴父母之心、而教以愛敬。所以愛敬之道成、因本有自然之心也。〕

其の 人情を失はざるを言ふなり。其の 父母を尊嚴するの心有るに因りて、教ふるに愛敬を以てす。愛敬の道の成る所以は、本と自然の心有るに因るなり。

聖人之教、不肅而成、其政不嚴而治、其所因者本也。

〔凡聖人設教、皆緣人之本性、而道達之也。故不加威肅而教成、不加嚴刑而政治、以其皆因人之本性故也。〕

凡そ聖人の 教へを設くるや、皆な人の本性に縁りて、之れを道びき達せしむるなり。故に威肅を加へずして教へ成り、嚴刑を加へずして政の治まるは、其の皆な人の本性に因るを以ての故なり。

父母生績章第十一

子曰、父子之道天性、

〔言父慈而教、子愛而箴。愛敬之情、出於中心、乃其天性、非因篤也。〕

言ふこころは父 慈しみて教へ、子 愛して箴す。愛敬の情、中心より出づるは、乃ち其の天性にして、因りて篤くするに非ざるなり。

君臣之誼。

〔親愛相加、則爲父子之恩。尊嚴之、則有君臣之誼焉。此又所以爲兼之事也。〕

親・愛 相加ふるときは、則ち父子の恩と爲り、之れを尊嚴するときは、則ち君臣の誼有り。此れ又た兼を爲す所以の事なり。

父母生之、續莫大焉。君親臨之、厚莫重焉。

〔「績」功也。父母之生子、撫之、育之、顧之、復之、攻苦之功、莫大焉者也。有君臣之愛、臨長其子。恩情之厚、莫重焉者也。凡上之所施於下者厚、則下之報上亦厚。厚薄之報、各從其所施。薄施而厚饋、雖君不能得之於臣、雖父不能得之於子。民之從於厚、猶飢之求食、寒之欲衣。厚則歸之、薄則去之、有由然也。〕

「績」は功なり。父母の 子を生ずるや、之れを撫し、之れを育て、之れを顧み、之れを復し、攻苦の功焉より大なる者は莫きなり。君臣の愛有りて、其の子に臨み長ず。恩情の厚きこと、焉より重き者は莫きなり。凡そ上の 下に施す所の者 厚くんば、則ち下の 上に報ゆることも亦た厚し。厚薄の報、各おの其の施す所に従ふ。薄く施して厚く饋(おく)るは、君と雖も之れを臣に得る能はず、父と雖も之れを子に得る能はず。民の厚きに従ふこと、猶ほ飢うるの食を求め、寒きの衣を欲するがごとし。厚くば則ち之れに歸し、薄くば則ち之れを去るは、由りて然るもの有るなり〔形勢解〕。

孝優劣章第十二

子曰、不愛其親而愛他人者、謂之悖徳。不敬其親而敬他人者、謂之悖禮。

〔盡愛敬之道、以事其親、然後施之於人、孝之本也。違是道、則悖亂徳禮也。〕

愛・敬の道を盡くして、以て其の親に事へ、然る後に之れを人に施すは、孝の本なり。是の道に違ふは、則ち徳禮に悖亂するなり。

以訓則昏、民亡則焉。

〔夫徳禮不易、靡人不懷。徳禮之悖、人莫之歸。故以訓民、則昏亂、昏亂之教、則民無所取法也。〕

夫れ徳禮の易(か)はらざるは、人として懷(なつ)かざるは靡(な)し。徳禮の悖(もと)るは、人之れに歸する莫し。故に以て民に訓(おし)ふれば、則ち昏亂し、昏亂の教へは、則ち民に法を取る所無きなり。

不宅於善、而皆在於凶徳。

〔「宅」居也。孝弟敬順爲善徳、昏亂無法爲凶徳。不愛其親、非孝弟也。不敬其親、非敬順也。故曰「不居於善、皆在於凶徳」也。〕

「宅」は居なり。孝弟・敬順をば善徳と爲し、昏亂・無法をば凶徳と爲す。其の親を愛せざるは、孝弟に非ざるなり。其の親を敬せざるは、敬順に非ざるなり。故に「善に居らず、皆な凶德に在り」と曰ふなり。

雖得志、君子弗貴也。

〔「得志」謂居位行德也。不誼而富貴、於我如浮雲。無潤澤於萬物、故君子弗從。以言邦無善政、不味食其祿也。〕

「志を得る」とは位に居りて德を行ふを謂ふなり。不誼にして富貴なるは、我に於いて浮雲の如し。萬物に潤澤する無し、故に君子は從はず。以て邦に善政無くば、其の祿を味食せざるを言ふなり。

君子則不然。

〔既不爲悖德・悖禮之事、又不爲苟求富貴也。〕

既に悖德・悖禮の事を爲さず、又た苟しくも富貴を求むることを爲さざるなり。

言思可道、行思可樂、

〔言則思忠、行則思敬、不虛言行也。思可道之言、然後乃言、言必信也。思可行之事、然後乃行、行必果也。合乎先王之法言、故可道。合乎先王之德行、故可行也。〕

言には則ち忠を思ひ、行には則ち敬を思ひ、言・行を虛しくせざるなり。道ふべきの言を思ひ、然る後に乃ち言はば、言は必ず信なり。行ふべきの事を思ひ、然る後に乃ち行はば、行は必ず果たすなり。先王の法言に合す、故に道ふべし。先王の德行に合す、故に行ふべきなり。

德誼可尊、作事可法。

〔立德行誼、不違道正、故可尊也。制作事業、動得物宜、故可法也。〕

德を立て誼を行ひ、道の正しきに違はず、故に尊ぶべきなり。事業を制作し、動きて物の宜を得、故に法るべきなり。

容止可觀、進退可度。

〔「容止」威儀也。「進退」動靜也。正其衣冠、尊其瞻視、俯仰曲折、必合規矩、則「可觀」也。詳其擧止、審其動靜、進退周旋、不越禮法、則「可度」矣。「度」者其禮法也。〕

「容止」は威儀なり。「進退」は動靜なり。其の衣冠を正し、其の瞻視を尊び、俯仰曲折、必ず規矩に合せば、則ち「觀るべき」なり。其の擧止を詳らかにし、其の動靜を審らかにし、進退周旋、禮法を越えずんば、則ち「度とすべき」なり。「度」とは其の禮法なり。

以臨其民、是以其民畏而愛之、則而象之。

〔「以」者、以君子言行·德誼·進退之事也。整齊嚴栗、則民畏之。温良寬厚、則民愛之。畏之則用、愛之則親。民親而用、則君道成矣。君有君之威儀、則臣下則而象之。故其在位可畏、施舍可愛、進退可度、周旋可則、「容止可觀」、「作事可法」、德誼可象、聲氣可樂、動作有文、言語有章、以臨其民、謂之有威儀也。〕

「以」とは、君子の言行・德誼・進退の事を以てするなり。整齊・嚴栗するときは、則ち民 之れを畏る。温良・寬厚なるときは、則ち民 之れを愛す。之れを畏れば則ち用ひられ、之れを愛せば則ち親しむ。民 親しみて用ひらるれば、則ち君道 成れり〔形勢解〕。君に君の威儀有らば、則ち臣下は則りて之れに象る。故に其の 位に在りては畏るべく、施舍 愛すべく、「進退 度とすべく」、周旋 則るべく、「容止 觀るべく」、「作事 法るべく」、德誼 象るべく、聲氣 樂しむべく、動作に文有り、言語に章有りて、以て其の民に臨む、之れを「威儀有り」と謂ふなり。

故能成其德教、而行其政令。

〔上正身以率下、下順上而不違。故德教成、而政令行也。教成政行、君能有其國家、令聞長世、臣能守其官職、保族供祀。順是以下皆若是。是以上下能相固也。〕

上身を正して以て下を率(ひき)ゐれば、下上に順ひて違はず。故に德教成りて、政令行はるるなり。教へ成り政の行はれば、君能く其の國家を有ち、令聞は世に長く、臣能く其の官職を守り、族を保ち祀に供す。是れに順ひ以下皆な是の若し。是(ここ)を以て上下能く相固むるなり。

詩云、淑人君子、其儀不忒。

〔國風曹詩尸鳩之章也。言善人君子之於威儀無差忒、所以明用上義也。〕

〈國風〉曹詩の〈尸鳩〉の章なり。善人君子の威儀に於いて差忒(さとく)〔たがえる〕無きは、明らかに上義を用ふる所以なるを言ふなり。

紀孝行章第十三

子曰、孝子之事親也、

〔條說所以事親之義也。〕

親に事ふる所以の義を條說するなり。

居則致其敬、養則致其樂、

〔謂虔恭朝夕、盡其歡愛、和顏悅色、致養父母、孝敬之節也。〕

虔恭すること朝夕、其の歡愛を盡くし、顔を和らげ色を悅ばし、養を父母に致すは、孝敬の節なるを謂ふなり。

疾則致其憂、喪則致其哀、祭則致其嚴。

〔父母有疾、憂心慘悴、卜禱嘗藥、食從病者、衣冠不解、行不正履、所謂致其憂也。親既終沒、思慕號咷、斬衰歠粥、卜兆祖葬、所謂致其哀也。既葬後、反虞祔、練祥之祭、及四時吉祀、盡其齊敬之心、又竭其尊肅之敬、所謂致其嚴也。〕

父母に疾有らば、憂心慘悴し、卜禱して藥を嘗め、食は病者に從ひ、衣冠は解かず、行くに履を正さざるは、謂はゆる「其の憂ひを致す」なり。親既に終沒せば、思慕して號咷し、斬衰して粥を歠り、卜兆して祖葬するは、謂はゆる「其の哀を致す」なり。既に葬るの後、反虞して祔し、練祥の祭、及び四時の吉祀に、其の齊敬の心を盡くし、又た其の尊肅の敬を竭くすは、謂はゆる「其の嚴を致す」なり。

五者備矣、然後能事其親。

〔「五者」、奉生之道三、事死之道二。備此五者之義、乃可謂能事其親也。〕

「五者」は、生に奉ずるの道三、死に事ふるの道二なり。此の五者の義を備へば、乃ち「能く其の親に事ふ」と謂ふべきなり。

事親者、居上不驕、爲下不亂、在醜不爭、

〔「上」上位也。「不驕」善接下也。「不亂」奉上命也。「醜」羣類也。「不爭」務和順也。〕

「上」は上位なり。「驕らざる」は善く下に接するなり。「亂れざる」は上命を奉ずるなり。「醜」は羣類なり。「爭はざる」は和順に務むるなり。

居上而驕則亡、爲下而亂則刑、在醜而爭則兵。

〔驕而無禮、所以亡也。亂而不恭、所以刑也。爭而不讓、所以兵也。謂兵刃見及也。〕

驕りて禮無きは、亡ぶる所以なり。亂れて恭ならざるは、刑せらるる所以なり。爭ひて讓らざるは、兵せらるる所以なり。兵刃をば及ぼさるるを謂ふなり。

此三者不除、雖日用三牲之養、繇爲弗孝也。

〔「三者」、謂驕・亂・爭也。「不除」、言在身也。「三牲」、牛・羊・豕也。「繇」固也。三者在身、死亡將至、既自受禍、父母蒙患、雖日用三牲供養、固爲不孝也。〕

「三者」は、驕・亂・爭を謂ふなり。「除かず」とは、身に在るを言ふなり。「三牲」は、牛・羊・豕なり。「繇」は固なり。三者身に在らば、死亡將に至らんとし、既に自ら禍を受け、父母患を蒙り、日に三牲の供養を用ふと雖も、固(もと)より「不孝と爲す」なり。

五刑章第十四

子曰、五刑之屬三千、

〔「五刑」謂墨・劓・剕・宮・大辟也。其三千條、墨辟之屬千、刻其顙墨之也。劓辟之屬千、截其鼻也。剕辟之屬五百、斷其足也。宮辟之屬三百、割其勢也。大辟之屬二百、死刑也。凡五刑之屬三千也。〕

「五刑」は墨・劓(ぎ)・剕(ひ)・宮・大辟を謂ふなり。其の三千條は、墨辟の屬の千、其の顙(ひたひ)に刻みて之れに墨するなり。劓辟の屬の千、其の鼻を截るなり。剕辟の屬の五百、其の足を斷つなり。宮辟の屬の三百、其の勢を割するなり。大辟の屬の二百、死刑なり。凡そ「五刑の屬は三千」なり。

而辠莫大於不孝。

〔言「不孝」之罪、大於三千之刑也。「辠」者、謂「居上而驕」、「爲下而亂」、「在醜而爭」之比也。〕

「不孝」の罪は、三千の刑より大なるを言ふなり。「辠」とは、「上に居りて驕り」、「下と爲りて亂り」、「醜に在りて爭ふ」の比を謂ふなり。

要君者無上、非聖人者無法、非孝者無親、

〔「要」謂約勒也。「君」者所以稟命也、而要之、此有無上之心者也。聖人制法、所以爲治也、而非之、此有無法之心者也。孝者親之至也、而非之、此有無親之心者也。三者皆不孝之甚也。〕

「要」は約勒〔約束〕を謂ふなり。「君」とは命を稟くる所以なるも、而も之れを要するは、此れ上を無みするの心有る者なり。聖人 法を制するは、治を爲す所以なるも、而も之れを非とするは、此れ法を無みするの心有る者なり。孝は親の至りなるも、而も之れを非とするは、此れ親を無みするの心有る者なり。三者は皆な不孝の甚しきものなり。

此大亂之道也。

〔「此」無上・無法・無親也。言其不恥不仁、不畏不義、爲大亂之本、不可不絕也。凡爲國者、利莫大於治、害莫大於亂。亂之所生、生於不祥。上不愛下、下不供上、則不祥也。羣臣不用禮義、有司離法、而專違制、則不祥也。故法者至道也。聖君之所以爲天下儀、存亡治亂之所出也。君臣上下皆發焉。是以明王置儀設法而固守之、卿相不得存其私、羣臣不得便其親。百官之事、案以法、則姦不生。暴慢之人、繩以法、則禍亂不起。夫能生法者、明君也。能守法者、忠臣也。能從法者、良民也。〕

「此れ」とは上を無みし、法を無みし、親を無みすることなり。言ふこころは其の不仁を恥ぢず、不義を畏れざるは、大亂の本爲れば、絶たざるべからざるなり、と。凡そ國を爲むる者、利は治より大なるは莫く、害は亂より大なるは莫し〔正世篇〕。亂の生ずる所、不祥より生ず。上下を愛せず、下上に供せざるは、則ち不祥なり。羣臣禮義を用ひず、有司法を離れて、專ら制に違ふは、則ち不祥なり。故に法なる者は至道なり。聖君の天下の儀爲る所以、存亡治亂の出づる所なり。君臣上下は皆な焉に發す。是を以て明王儀を置き法を設けて固く之れを守らば、卿相は其の私を存するを得ず〔任法篇〕、羣臣は其の親に便することを得ず。百官の事をば、案ずるに法を以てせば、則ち姦は生せず。暴慢の人をば、繩するに法を以てせば、則ち禍亂は起きず〔明法篇〕。夫れ能く法を生ずる者は、明君なり。能く法を守る者は、忠臣なり。能く法に從ふ者は、良民なり〔任法篇〕。

廣要道章第十五

子曰、教民親愛、莫善於孝。

〔「孝」者愛其親、以及人之親。孝行著而愛人之心存焉。故欲民之相親愛、則無善於先教之以孝也。〕

「孝」は其の親を愛して、以て人の親に及ぼす。孝行著れて人を愛するの心焉に存す。故に民の相ひ親愛するを欲するは、則ち先づ之れに教ふるに孝を以てするより善きは無きなり。

教民禮順、莫善於弟。

〔「弟」者、敬其兄、以及人之長。能弟者、則能敬順於人者也。故欲民之以禮相順、則無善於先教之以弟也。〕

「弟」は、其の兄を敬し、以て人の長に及ぼす。能く弟なる者は、則ち能く人に敬順なる者なり。故に民の禮を以て相ひ順ふを欲せば、則ち先づ之れに教ふるに弟を以てするより善きは無きなり。

移風易俗、莫善於樂。

〔「風」化也。「俗」常也。移太平之化、易衰弊之常也。「樂」五聲之主、盪滌人之心、使和易專一、由中情出者也。故其聞之者、雖不識音、猶屛息靜聽、深思遠慮。其知音、則循宮商而變節、隨角徵以改操。是以古之教民、莫不以樂、以爲無尚之故也。〕

「風」は化なり。「俗」は常なり。太平の化を移し、衰弊の常を易ふるなり。「樂」は五聲の主、人の心を盪滌し、和易專一ならしめ、中情由り出づる者なり。故に其の之れを聞く者、音を識らずと雖も、猶ほ息を屛して靜聽し、深く思ひ遠く慮る。其れ音を知らば、則ち宮・商に循ひて節を變へ、角・徵に隨ひて以て操を改む。是を以て古の民を教ふるや、樂を以てせざる莫きは、以爲ふに之れに尚ふるもの無きが故なり。

安上治民、莫善於禮。

〔言禮最其善、孝弟之實用也。國無禮、則上下亂而貴賤爭、賢者失所、不肖者蒙幸。是故明王之治、崇等禮以顯之、設爵級以休之、班祿賜以勸之、所以政成也。〕

言ふこころは禮の最も其の善きは、孝弟の實用なり。國に禮無くんば、則ち上下亂れて貴賤爭ひ〔版法解〕、賢者は所を失ひ、不肖者は幸を蒙る。是の故に明王の治、等禮を崇びて以て之れを顯はし、爵級を設けて以て之れを休し、祿賜を班ちて以て之れを勸むるは、政の成る所以なり。

禮者敬而已矣。

〔禮主於敬、敬出於孝弟。是故禮經三百、威儀三千、皆殊事而合敬、異流而同歸也。〕

禮は敬を主とし、敬は孝弟より出づ。是の故に禮經三百、威儀三千、皆な事を殊にすれども而も敬を合し、流を異にすれども而も歸を同じくするなり。

故敬其父、則子悅、敬其兄、則弟悅、敬其君、則臣悅。

〔此言先王以子弟臣道化天下、而天下子弟臣悅喜也。教之以孝、是敬其父。教之以弟、是敬其兄。教之以臣、是敬其君也。〕

此れ先王 子・弟・臣の道を以て天下を化して、天下の子・弟・臣 悅喜するを言ふなり。之れに教ふるに孝を以てするは、是れ「其の父を敬す」。之れに教ふるに弟を以てするは、是れ「其の兄を敬す」。之れに教ふるに臣を以てするは、是れ「其の君を敬す」るなり。

敬一人而千萬人悅。

〔上說所以施敬之事、此總而言也。「一人」者、各謂其父・兄・君、「千萬人」者、羣子弟及臣也。〕

上は敬を施す所以の事を說き、此は總じて言ふなり。「一人」とは、各おの其の父・兄・君を謂ひ、「千萬人」とは、羣子弟及び臣なり。

所敬者寡而悅者眾。此之謂要道也。

〔「寡」謂「一人」也。「眾」謂「千萬人」也。以孝道化民、此其要者矣。所以說成敬一人之義也。〕

「寡」とは「一人」を謂ふなり。「眾」とは「千萬人」を謂ふなり。孝道を以て民を化す、此れ其の要なる者なり。一人を敬するの義を説き成す所以なり。

廣至徳章第十六

子曰、君子之教以孝也、非家至而日見之也。

〔此又所以申明上章之義焉。言君子之教民以孝、非家至而日見語之也。君子又謂先王也。夫蛟龍得水、然後立其神。聖人得民、然後成其化也。〕

此れ又た上章の義を申明する所以なり。君子の民に教ふるに孝を以てするは、家ごとに至りて日ごとに見えて之れに語るには非ざるを言ふなり。「君子」は又た先王を謂ふなり。夫れ蛟龍は水を得て、然る後に其の神を立つ。聖人は民を得て、然る後に其の化を成すなり〔形勢解〕。

教以孝、所以敬天下之爲人父者也。

〔所謂「敬其父、則子悦」也。以孝道教、即是敬天下之爲人父者也。〕

謂はゆる「其の父を敬せば、則ち子悦ぶ」なり。孝道を以て教ふるは、即ち是れ天下の人父爲る者を敬するなり。

教以弟、所以敬天下之爲人兄者也。

〔所謂「敬其兄、則弟悦」也。以弟道教、即是敬天下之爲人兄者也。〕

謂はゆる「其の兄を敬せば、則ち弟悦ぶ」なり。弟道を以て教ふるは、即ち是れ天下の人兄爲る者を敬するなり。

教以臣、所以敬天下之爲人君者也。

〔所謂「敬其君、則臣悦」也。以臣道教、卽是敬天下之爲人君者也。古之帝王、父事三老、兄事五更、君事皇尸、所以示子弟臣人之道也。及其養國老、則天子袒而割牲、執醬而饋之、執爵而酳之。盡忠敬於其所尊、以大化天下焉。皇君也。事尸者謂祭之象也。尸卽所祭之像、故臣子致其尊嚴也。三老者、國之舊德、賢俊而老、所從問道誼、故有三人焉。五更者、國之臣、更習古事、博物多識、所從諮道訓、故國有五人焉。〕

謂はゆる「其の君を敬せば、則ち臣悦ぶ」なり。臣道を以て教ふるは、卽ち是れ天下の人君爲る者を敬するなり。古の帝王の、三老に父事し、五更に兄事し、皇尸に君事するは、子弟・臣人の道を示す所以なり。其の國老を養ふに及びては、則ち天子袒して牲を割き、醬を執りて之れに饋り、爵を執りて之れに酳がしむ。忠敬を其の尊ぶ所に盡くし、以て大いに天下を化す。皇は君なり。尸に事ふるは祭の象を謂ふなり。尸は卽ち祭る所の像、故に臣子其の尊嚴を致すなり。三老は、國の舊德、賢俊にして老い、從ひて道誼を問ふ所、故に三人有るなり。五更は、國の臣、古事を更習し、博物にして多識、從ひて道訓を諮る所、故に國に五人有るなり。

詩云、愷悌君子、民之父母。

〔詩大雅洞酌之章也。「愷」樂、「悌」易也。言君子敬以居身、樂易于人、其貴老慈幼、忠愛之心、似民之父母。故以此詩明之也。〕

《詩》は〈大雅〉洞酌の章なり。「愷」は樂、「弟」は易なり。君子の敬して以て身を居き、人を樂易し、其の老を貴び幼を慈しみ、忠愛するの心は、民の父母に似たるを言ふ。故に此の《詩》を以て之れを明らかにするなり。

非至徳、其孰能訓民、如此其大者乎。

〔孝之爲徳、其至矣。故非有孝徳、其誰能以孝教民、如此其大者乎。言敷徳以化下、下皆順而從之也。〕

孝の徳爲るや、其れ至れり。故に孝徳有るに非ずんば、其れ誰か能く孝を以て民に教ふること、此の如く其れ大なる者ならんや。徳を敷きて以て下を化し、下皆な順ひて之れに從ふを言ふなり。

感應章第十七

子曰、昔者明王事父孝、故事天明、事母孝、故事地察。

〔「孝」謂立宗廟、豐祭祀也。王者父事天、母事地。能追孝其父母、則事天地不失其道。不失其道、則天地之精爽明察矣。〕

「孝」は宗廟を立て、祭祀を豐にするを謂ふなり。王者は天に父のごとく事へ、地に母のごとく事ふ。能く其の父母を追孝せば、則ち天地に事へて其の道を失はず。其の道を失はずんば、則ち天地の精爽明察なり。

長幼順、故上下治。

〔謂克明俊徳、以親九族也。「長」者於王、父兄之列也。「幼」者於王、子弟之屬也。能順其長幼之節、則親疏有序、而以之化天下、上下不亂也。〕

「克く俊徳を明らかにして、以て九族を親しむ」を謂ふなり。「長」とは王に於いては、父兄の列なり。「幼」とは王に於いては、子弟の屬なり。能く其の長幼の節に順はば、則ち親疏に序有りて、之れを以て天下を化し、上下亂れざるなり。

天地明察、神明章矣。

〔「章」著也。天地既明察、則鬼神之道、不得不著也。謂人神不擾、各順其常、禍災不生也。〕

「章」は著なり。天地をば既に明察せば、則ち鬼神の道、著れざるを得ざるなり。人・神擾れず、各おの其の常に順ひ、禍災の生ぜざるを謂ふなり。

故雖天子必有尊也、言有父也。必有先也、言有兄也。

〔更申覆上義也。天子雖尊、猶尊父、事死如事生、宗廟致敬、是也。〕

更に上の義を申覆するなり。天子尊なりと雖も、猶ほ父を尊び、死に事ふること生に事ふるが如くするは、「宗廟に敬を致す」、是れなり。

宗廟致敬、不忘親也。脩身愼行、恐辱先也。

〔說所以事父母之道也。立廟設主、以象其生存。潔齊敬祀、以追孝繼思、脩行揚名、以顯明祖考、皆孝敬之事也。所以不敢不勉爲之者、恐辱其先祖故也。〕

父母に事ふる所以の道を說くなり。廟を立て主を設け、以て其の生存するに象る。潔齊し敬祀して、以て追孝繼思し、行を脩め名を揚げ、以て祖考を顯明にするは、皆な孝敬の事なり。敢へて勉めて之れを爲さずんばあらざる所以は、其の先祖を辱むるを恐るるが故なり。

宗廟致敬、鬼神著矣。

〔上句言「天地明察、鬼神以章」、此句言「宗廟致敬、鬼神著」。言上下各致敬以祀其先人、則鬼神有所依歸、不相干犯也。言無凶癘也。〕

上句に「天地明察にして、鬼神の以て章(あらは)るる」を言ひ、此の句に「宗廟に敬を致し、鬼神の著(あらは)るる」を言ふ。上下各おの敬を致して以て其の先人を祀らば、則ち鬼神に依歸する所有りて、相ひ干犯せざるを言ふなり。凶癘無きを言ふなり。

孝弟之至、通於神明、光於四海、亡所不曁。

〔「光」充也。「曁」及也。明主以孝治天下、則癘鬼爲之不神。不神者、不爲患害也。其精誠徵應如此。故曰、通於神明、又充足于天地之間焉、無所不及、言普洽也。〕

「光」は充なり。「曁」は及なり。明主 孝を以て天下を治めば、則ち癘鬼 之れが爲めに神ならず。神ならずとは、患害を爲さざるなり。其の精誠の徵應 此の如し。故に曰はく、「神明に通じ、又た天地の間に充足し、及ばざる所無し」とは、普洽(ふかう)〔あまねくゆきわたる〕を言ふなり。

詩云、自西自東、自南自北、亡思不服。

〔詩大雅文王有聲之章也。美武王孝德之致、而四方皆來服從、與「光于四海、無所不曁」義同、故擧以明此義也。〕

《詩》は〈大雅〉文王有聲の章なり。武王の 孝德の致(いた)りにして、四方皆な來たり服從すること、「四海に光(み)ち、曁(およ)ばざる所無き」と義の同じきを美みす、故に擧げて以て此の義を明らかにするなり。〕

廣揚名章第十八

子曰、君子之事親孝、故忠可移於君。

〔能孝于親、則必能忠於君矣。求忠臣、必於孝子之門也。〕

能く親に孝ならば、則ち必ず能く君に忠なり。忠臣を求むるは、必ず孝子の門に於いてするなり。

事兄弟、故順可移於長。

〔善事其兄、則必能順於長矣。忠出于孝、順出于弟。故可移事父兄之忠順、以事於君長也。〕

善く其の兄に事へば、則ち必ず能く長に順なり。忠は孝より出で、順は弟より出づ。故に父兄に事ふるの忠順を移して、以て君長に事ふべきなり。

居家理、故治可移於官。

〔能理於家者、則其治用可移於官。君子之於人、内觀其事親、所以知其事君、内察其治家、所以知其治官。是以言治者、必效之以其實。譽人者、必試之以其官。故虚言不敢自進、不肖不敢處官也。〕

能く家を理(をさ)むる者ならば、則ち其の治は用ひて官に移すべし。君子の人に於けるや、内に其の親に事ふるを觀るは、其の君に事ふるを知る所以、内に其の家を治むるを察するは、其の官を治むるを知る所以なり〔形勢解〕。是(ここ)を以て治を言ふ者は、必ず之れに效(なら)ふに其の實を以てす。人を譽むる者は、必ず之れを試みるに其の官を以てす。故に虚言は敢へて自ら進まず、不肖は敢へて官に處らざるなり〔明法解〕。

是以行成於内、而名立於後世矣。

〔孝弟之行、事父兄也、而忠順出焉。能理于其家、閨門事也、而治官出焉。所謂「行成於内、而名立於後世」也。昔虞舜生於畎畝、父頑母嚚、弟又很慠、用能理、率行孝道、蒸蒸不怠、天下推之、萬姓詠之、彌歷千載、而聲聞不亾、所謂「揚名後世、以顯父母」也。〕

孝弟の行は、父兄に事ふるなり、而して忠順焉より出づ。能く其の家を理むるは、閨門の事なり、而して治官焉より出づ。謂はゆる「行内に成りて、名後世に立つ」ことなり。昔し虞舜畎畝に生じ、父は頑(がん)母は嚚(がう)、弟は又た很慠なるも、用て能く理(をさ)め、孝道を率行し、蒸蒸として怠らず、天下之れを推し、萬姓之れを詠じ、千載を彌歷して、而も聲聞の亾びざるは、謂はゆる「名を後世に揚げて、以て父母を顯(あらは)す」ことなり。

閨門章第十九

子曰、閨門之内、具禮矣乎。

〔上章陳孝道既詳、故於此都目其爲具禮矣。夫禮經國家、定社稷、厚人民、利後嗣者也。君子脩孝於閨門、而事君事長、以治官之義備存焉。〕

上章に孝道を陳ぶること既に詳らかなり、故に此に於いて都(すべ)て其の「禮を具ふる」を爲すを目するなり。夫れ禮は國家を經(をさ)め、社稷を定め、人民を厚くし、後嗣を利する者なり。君子は孝を閨門に脩め、而して君に事へ長に事へて、以て治官の義焉(ここ)に備はり存す。

嚴親嚴兄、

〔所以言「具禮」之事也。「嚴親」孝、「嚴兄」弟也。孝以事君、弟以事長、而忠順之節著也。〕

「具禮」の事を言ふ所以なり。「親を嚴にする」は孝、「兄を嚴にする」は弟なり。孝は以て君に事へ、弟は以て長に事へ、而して忠順の節 著（あらは）るるなり。

妻子臣妾、猶百姓徒役也。

〔「臣」謂家臣僕也。故家人有嚴君焉、父之謂也。父謂厳君、而兄爲尊長、則其妻子臣妾、猶百姓徒役。是故君子役私家之内、而君人之禮具矣。〕

「臣」は家の臣僕を謂ふなり。故に「家人に嚴君有り」とは、父の謂なり。父を厳君と謂ひて、兄を尊長と爲さば、則ち其の「妻子臣妾は、猶ほ百姓の徒役のごとし」。是の故に君子は私家の内を役して、人に君たるの禮 具はれり。

諫諍章第二十

曾子曰、若夫慈愛恭敬、安親揚名、則聞命矣。

〔「慈愛」者、所以接下也。「恭敬」者、所以事上也。「安親揚名」者、孝子之行也。曾子稱名曰、參既得聞此命矣。〕

「慈愛」は、下に接する所以なり。「恭敬」は、上に事ふる所以なり。「親を安んじ名を揚ぐる」は、孝子の行なり。曾子 名を稱して曰はく、「參（しん）既に此の命を聞くを得たり」と。

敢問子從父之令、可謂孝乎。

〔疑思問也。夫親愛禮順、非違命之謂也。以爲於義有闕、是以問焉。〕

疑ひて問はんと思ふなり。夫れ親愛・禮順は、命に違ふの謂に非ざるなり。以爲へらく義に於いて闕くることと有りと、是(ここ)を以て問ふ。

子曰、參、是何言與、是何言與。言之不通耶。

〔再言之者、非之深也。可否相濟、謂之和、以水濟水、謂之同。和實生民、同則不繼。務在不違、同也。從是爭非、和也。曾子不敏、不推致此義、故謂之「不通」也。〕

再び之れを言ふは、之れを非とすること深きなり。可否相濟(な)す、之れを和と謂ひ、水を以て水を濟(な)す、之れを同と謂ふ。和は實に民を生じ、同は則ち繼がず。務めて違はざるに在るは、同なり。是(ぜ)に從ひ非(ひ)を爭ふは、和なり。曾子は不敏、此の義を推致せず、故に之れを「通ぜず」と謂ふなり。

昔者天子有爭臣七人、

〔「七人」謂三公及前疑・後烝・左輔・右弼也。凡此七官、主諫正天子之非也。〕

「七人」は三公及び前疑・後烝・左輔・右弼を謂ふなり。凡そ此の七官は、天子の非を諫正するを主(つかさど)るなり。

雖無道、弗失其天下。

〔「無道」者、不循先王之「至德要道」也。不失天下、言從諫也。帝王之事、一日萬機。萬機有闕、天子受之禍。故立諫爭之官、以匡己過。過而能改、善之大者也。故凡諫所以安上、猶食之肥體也。主逆諫、則國亡。人呰食、則體瘠也。〕

「無道」とは、先王の「至德要道」に循(したが)はざることなり。「天下を失はず」とは、諫に從ふを言ふなり。帝王の事は、一日萬機あり。萬機に闕くること有らば、天子之れが禍を受く。故に諫爭の官を立てて、以て己が過を匡す。過ちて能く改むるは、善の大なる者なり。故に凡そ諫の上を安んずる所以は、猶ほ食の體を肥やすがごときなり。主諫に逆はば、則ち國は亡ぶ。人食を呰らば、則ち體瘠するなり〔形勢解〕。

諸侯有爭臣五人、

〔自上以下、降殺以兩、故五人。「五人」、謂天子所命之孤卿及國之三卿與大夫也。〕

上より以下、降殺するに兩を以てす、故に五人なり。「五人」は、天子命ずる所の孤卿及び國の三卿と大夫とを謂ふなり。

雖無道弗失其國。

〔誰非聖人、不能無諐。從諫如流、斯不亡失也。〕

誰か聖人に非ずして、諐無きこと能はざる。諫に從ふこと流るるが如くにして、斯ち亡失せざるなり。

大夫有爭臣三人、

〔「三人」謂家相・宗老・側室也。〕

「三人」は家相・宗老・側室を謂ふなり。

雖無道弗失其家。

〔皆謂能受正諫、善補過也。天子王有四海、故以天下爲稱。諸侯君臨百姓、故以國爲名。大夫祿食采邑、故以家爲號。凡此皆周之班制也。〕

皆な能く正諫を受け、善く過を補ふを謂ふなり。天子は四海を王有す、故に天下を以て稱と爲す。諸侯は百姓に君臨す、故に國を以て名と爲す。大夫は采邑を祿食す、故に家を以て號と爲す。凡そ此れ皆な周の班制なり。

士有爭友、則身弗離於令名。

〔同志爲「友」。士以道義相切磋者。故有非、則忠告之以善道、謂之「爭友」。不離善名、言常在身也。〕

同志をば「友」と爲す。士は道義を以て相切磋する者なり。故に非有らば、則ち之れに忠告するに善道を以てす、之れを「爭友」と謂ふ。「善名を離れざる」は、常に身に在るを言ふなり。

父有爭子、則身弗陷於不義。

〔父有過、則子必安幾諫。見志之不從、起敬起孝、怡顏悅色、則復諫也。又不從、則號泣而從之。終不使父陷于不義而已、則孝子之道也。〕

父に過(あやまち)有らば、則ち子は必ず安(やす)らかに幾諫す。志の從はざるを見ては、敬を起こし孝を起こし、顏を怡(やはら)げ色を悅ばせば、則ち復た諫むるなり。又た從はずんば、則ち號泣して之れに從ふ。終に父をして不義に陷らしめざるは、則ち孝子の道なり。

故當不義、則子不可以不爭於父。

〔「當」値也。値父有不義之事、子不可以不諫爭也。〕

「當」は値なり。父に不義の事有るに値(あ)たりては、子は以て諫爭せざるべからざるなり。

臣不可以不爭於君。

〔事君之禮、値其有非、必犯嚴顏、以道諫爭。三諫不納、奉身以退。有匡正之忠、無亞順之從、良臣之節也。若乃見可諫而不諫、謂之尸位。見可退而不退、謂之懷寵。懷寵尸位、國之姦人也。姦人在朝、賢者不進。苟國有患、則優俺侏儒、必起議國事矣。是謂人主毆國而捐之也。〕

君に事ふるの禮、其の非有るに値たりては、必ず嚴顏を犯し、道を以て諫爭す。三諫して納れられずんば、身を奉じて以て退く。匡正の忠有れども、亞順の從無きは、良臣の節なり。乃ち諫むべきを見て而も諫めざるが若きは、之れを尸位〔禄ぬすびと〕と謂ふ。退くべきを見て而も退かざる、之れを懷寵と謂ふ。懷寵・尸位は、國の姦人なり。姦人朝に在らば、賢者は進まず。苟しくも國に患有らば、則ち優俺・侏儒、必ず起こりて國事を議す。是れ人主國を毆りて之れを捐つと謂ふなり〔立政九敗解〕。

故當不義則爭之、從父之令、又安得爲孝乎。

〔從命不得爲孝、則諫爲孝矣。故臣子之於君父、値其不義、則必諫爭、所以爲忠孝者也。重見當其不義也。夫臣能固爭至忠、子能固諫至孝也。人主忌忠、謂之不君。人父忌孝、謂之不父。忌忠孝、則大亂之本也。〕

命に從ふを孝と爲すを得ずんば、則ち諫むるを孝と爲す。故に臣子の君父に於けるや、其の不義に値たりて、則ち必ず諫爭するは、忠孝爲る所以の者なり。重ねて「其の不義に當たる」を見すなり。夫れ臣の能く固く爭ふは至忠、子の能く固く諫むるは至孝なり。人主の忠を忌むは、之れを不君と謂ふ。人父の孝を忌むは、之れを不父と謂ふ。忠孝を忌むは、則ち大亂の本なり。

事君章第二十一

子曰、君子之事上也、

〔「上」謂君父。此之謂「君子」、以德稱也。有君子之德而在下位、固所以宜事君也。〕

「上」は君父を謂ふ。此を之れ「君子」と謂ふは、德を以て稱するなり。君子の德有りて而も下位に在るも、固(もと)より宜しく君に事ふべき所以なり。

進思盡忠、退思補過、

〔進見於君、則必竭其忠貞之節、以圖國事、直道正辭、有犯無隱。退還所職、思其事宜、獻可替否、以補主過、所以爲忠。君有過而臣不行、謂之補過也。〕

進みて君に見(まみ)えば、則ち必ず其の忠貞の節を竭(つ)くして、以て國事を圖(はか)り、道を直くし辭を正し、犯すこと有りて隱すこと無し。退きて職とする所に還らば、其の事宜を思ひ、可を獻じ否を替へ、以て主の過を補ふは、忠爲る所以なり。君に過有りて臣の行はざる、之れを「過を補ふ」と謂ふなり。

將順其美、匡救其惡。

〔「將」行也。宜行其法令、順之而不逆。君有過、臣擧言而匡之、救其邪辟之行、使不至於惡、此臣之所以爲功也。故明王審言教以清法、案分職以課功。立功者賞、亂政者誅、誅賞之所加、各得其宜也。〕

「將」は行なり。宜しく其の法令を行ひ、之れに順ひて逆はざるべし。君に過有らば、臣は言を擧げて之れを匡(ただ)し、其の邪辟の行を救ひ、惡に至らざらしむるは、此れ臣の 功爲る所以なり。故に明王は言教を審らかにして以て法を清くし、分職を案じて以て功を課す。功を立つる者は賞し、政を亂る者は誅し、誅賞の加ふる所、各おの其の宜を得るなり〔明法解〕。

故上下能相親也。

〔導主以先王之行、拯主於無過之地。君臣並受其福、上下交和、所謂「相親」。是故詳才量能、講徳而擧、上之導下也。盡忠守節、謨明弼諧、下之事上也。爲人君而下知臣事、則有司不任。爲人臣、而上專主行、則上失其威。是以有道之君、務正德以涖下。而下不言知能之術。知能、下所以供上也。所以用知能者、上之道也。故不言知能而政治者、善人擧官、人得視聽者衆也。夫人君坐萬物之源、而官諸生之職者也。上有其道、下守其職、上下之分定也。〕

主を導くに先王の行を以てし、主を無過の地に拯ふ。君臣並びに其の福を受け、上下交ごも和するは、謂はゆる「相ひ親しむ」なり。是の故に才を詳らかにし能を量り、徳を講じて擧ぐるは、上の 下を導くことなり。忠を盡くし節を守り、謨は明らかに弼 諧きは、下の 上に事ふることなり。人君と爲りて下 臣事を知らば、則ち有司は任ぜず。人臣と爲りて、上 主行を專らにせば、則ち上 其の威を失ふ。是を以て有道の君、正德に務めて以て下に涖む。而して下は知能の術を言はず。知能は、下の 上に供する所以なり。知能を用ふる所以は、上の道なり。故に知能を言はずして政の治まるは、善人 官に擧げられ、人 得て視聽する者衆ければなり。夫れ人君は萬物の源に坐し、而して諸生の職を官する者なり。上 其の道を有ち、下 其の職を守りて、上下の分 定まるなり〔君臣上篇〕。

詩云、心乎愛矣。遐不謂矣。

〔「遐不謂矣」、言謂之也。君子心誠愛其上、則遠乎不以善事語之也。〕

「遐ぞ謂はざる」とは、之れを謂ふを言ふなり。君子の心 誠に其の上を愛せば、則ち善事を以て之れを語るをせざるに遠ざかるなり。

中心臧之、何日忘之。
〔君子忠心實善、則何日豈忘謂其上乎。言每欲語之也。君子事上、義與詩同、故取以明之。此詩小雅隰桑之章也。〕
君子の忠心は實に善なれば、則ち何れの日に豈に其の上を謂ふを忘れんや。毎に之れを語らんと欲するを言ふなり。君子の上に事ふる、義は《詩》と同じ、故に取りて以て之れを明らかにす。此の《詩》は〈小雅〉隰桑の章なり。

喪親章第二十二

子曰、孝子之喪親也。
〔父母沒、斬衰居憂、謂之「喪親」也。〕
父母沒せば、斬衰して憂に居る、之れを「親を喪ふ」と謂ふなり。
哭弗依、禮亡容、
〔斬衰之哭、其聲若往而不返、無依違餘音也。喪事質素、無容儀、所以主於哀也。〕
斬衰の哭、其の聲往きて返らざるが若く、依違して餘音無きなり。喪事の質素、容儀無きは、哀を主とする所以なり。
言弗文、
〔發言不文飾其辭也。斬衰之言、唯而不對、所以爲「不文」也。〕

言を發するに其の辭を文飾せざるなり。斬衰の言、「唯して對へざる」は、「文らず」と爲す所以なり。

服美弗安、

〔夫唯不安、故不服也。「美」謂錦繡盛服也。先王制禮、稱情立文。凶服象其憂、吉服象其樂。各所以表飾中情也。是以衰麻在身、即有悲哀之色。端冕在身、即有矜莊之色。介冑在身、即有可畏之色也。〕

夫れ唯だ「安からず」、故に服せざるなり。「美」は錦繡盛服を謂ふなり。先王 禮を制し、情に稱へて文を立つ。凶服は其の憂に象り、吉服は其の樂に象る。各おの中情を表飾する所以なり。是を以て衰麻 身に在るは、即ち悲哀の色有り。端冕 身に在るは、即ち矜莊の色有り。介冑 身に在るは、即ち畏るべきの色有るなり。

聞樂弗樂、食旨弗甘、

〔「旨」亦美也。其「不樂」、故不聽。不美、故不食。孝子思慕之至也。〕

「旨」も亦た美なり。其れ「樂しまず」、故に聽かず。美からず、故に食せず。孝子の 思慕の至りなり。

此哀戚之情也。

〔所以解上六句之義。明有内發、非虛加也。〕

上の六句の義を解する所以なり。明らかに内に發する有りて、虛しく加ふるに非ざるなり。

三日而食、教民亡以死傷生也。

〔禮、親終哭踊無數、水漿不入口、毀竈不擧火。既斂之後、鄰里爲之饘粥、以飲食之。三日以終者、聖人立制足文理、不以死傷生也。〕

禮にては、親の終はるや哭踊すること數無く、水漿は口に入らず、竈を毀ちて火を擧げず。既に斂するの後、鄰里 之れが饘粥を爲り、以て之れに飲食せしむ。三日にして以て終ふるは、聖人の 制を立つること文理するに足り、死を以て生を傷つくるをせざればなり。

毀不滅性、此聖人之政也。

〔孝子在喪、可以毀瘠。杖然後起、而不可「滅性」。「滅性」謂不勝喪而死。不勝喪、則此比於不孝。此聖人之正制也。〕

孝子の 喪に在るや、以て毀瘠すべし。杖つきて然る後に起つも、而も「性を滅ぼす」べからず。「性を滅ぼす」は喪に勝へずして死するを謂ふ。喪に勝へざるは、則ち此れ不孝に比せらる。此れ聖人の正制なり。

喪不過三年、示民有終也。

〔孝子有終身之憂。然三年之喪、二十五月而畢。服節雖闋、心弗之忘。若遂其本性、則是無窮也。故以禮取中、制爲三年、使賢者俯就、不肖者企及。所以示民有竟之限也。〕

孝子に終身の憂有り。然れども三年の喪は、二十五月にして畢はる。服節 闋むと雖も、心は之れを忘れず。若し其の本性を遂ぐれば、則ち是れ窮り無きなり。故に禮を以て中を取り、制して三年と爲し、賢者をして俯就し、不肖者をして企及せしむ。民に竟有るの限を示す所以なり。

爲之棺椁衣衾而擧之、

〔禮、爲死制「椁」。「椁」周於「棺」、棺周於衣、衣周於身。「衣」卽斂衣。「衾」被也。擧尸内之棺椁也。〕

禮にては、死の爲めに「椁」を制す。椁は棺に周らし、棺は衣に周らし、衣は身に周らす。「衣」は卽ち斂衣なり。「衾」は被なり。尸を擧げて之れを棺椁に内るるなり。

陳其簠簋而哀慼之、

〔「簠簋」祭器、盛黍稷者。祭器陳列而不御、黍稷潔盛而不毀、孝子所以重増哀戚也。〕

「簋簠」は祭器、黍稷を盛る者なり。祭器は陳列して御せず、黍稷は潔盛にして毀たず、孝子の哀戚を重増する所以なり。

哭泣擗踊、哀以送之。卜其宅兆、而安措之。

〔搥心曰「擗」、跳曰「踊」、所以泄哀也。男踊女擗、「哀以送之」。「送之」、送墓。始死牖下、浴於中霤。飯於牖下、歛於戸内。殯於客位、祖奠於庭、送葬於墓、彌以即遠也。卜其葬地、定其「宅兆」。「兆」謂塋域、「宅」謂穴。「措」置也。安置棺椁於其穴。卜葬地者、孝子重慎、恐其下有伏石漏水、後爲市朝、遠防之也。〕

心を搥つを「擗」と曰ひ、跳るを「踊」と曰ひ、哀を泄らす所以なり。男は踊し女は擗ち、「哀しみて以て之れを送る」。「之れを送る」は、墓に送るなり。始め牖下に死し、中霤に浴す。牖下に飯し、戸内に歛す。客位に殯し、庭に祖奠し、墓に送葬し、彌いよ以て遠きに即くなり。其の葬地を卜し、其の「宅兆」を定む。「兆」は塋域を謂ひ、「宅」は穴を謂ふ。「措」は置なり。棺椁を其の穴に安置す。葬地を卜するは、孝子重く慎み、其の下に伏石・漏水有ること、後に市朝と爲ることを恐れ、遠く之れを防ぐなり。

爲之宗廟、以鬼享之。春秋祭祀、以時思之。

〔三年喪畢、立其宗廟、用鬼禮享祀之。言春則有夏、言秋則有冬。擧春秋而四時之義存矣。春雨既濡、君子履之、必有怵惕之心、感親而脩祭焉。所謂「以時思之」也。〕

三年の喪畢はり、其の宗廟を立て、鬼禮を用ひて之れを享す。春を言へば則ち夏有り、秋を言へば則ち冬有り。「春秋」を擧げて四時の義存す。春雨既に濡らし、君子之れを履まば、必ず怵惕の心有り、親に感じて祭を脩む。謂はゆる「時を以て之れを思ふ」ことなり。

生事愛敬、死事哀戚、

〔父母生則事之以愛敬、死則事之以哀戚。糾撮上章之要也。〕

父母の生けるときは則ち之れに事ふるに愛敬を以てし、死せるときは則ち之れに事ふるに哀戚を以てす。上章の要を糾撮〔まとめる〕するなり。

生民之本盡矣、死生之義備矣、

〔謂立身之道、盡於孝經之義也。事死事生之義、備於是也。〕

立身の道は、《孝經》の義を盡くすを謂ふなり。死に事へ生に事ふるの義、是に備はるなり。

孝子之事終矣。

〔言爲孝子之道、終畢於此篇也。〕

孝子爲るの道、此の篇に終畢するを言ふなり。

補説

以上は『古文孝経』と「孔安国伝」（〔　〕内）の原文、そして「孔安国伝」の訓読訳文（書き下し文）である。経・伝の原文は、解説五に挙げた喬秀岩・葉純芳・顧遷三氏の編訳にかかる『孝經述議復原研究』附録の「古文孝經孔傳述議讀本」を底本にしているが、さらに文化十一年刊『足利本古文孝経』・弘化二年伏原家再刻本『孝経』等をも参照したものである。

最後に「孔安国伝」の原文・訓読訳文でゴチック表記にした部分について説明させていただく。解説二で述べたように、「孔安国伝」の義疏である『孝経述議』を著作したのは隋の劉炫であった。この中で劉炫は意外な事実を発見・提示している。それは「孔安国伝」中に、『漢書』藝文志では「道家」に、『隋書』経籍志では「法家」に分類され、従来「儒家」の文献とは見なされていない『管子』の文章が夥しく存在することであった。この事実は、劉炫の指摘にもかかわらず、これまでの『古文孝経』あるいは「孔安国伝」研究においてあまり注目されてこなかったようである。そのことをあらためて明確に証明したのが、前掲「古文孝經孔傳述議讀本」に附載された「孔傳管子對照表」である。

ゴチック表記にしたのは、この「孔傳管子對照表」にもとづき、『管子』の文章と一致する部分を明示したもので、訓読訳文中に加えた〔形勢解〕・〔白心篇〕等は、現行本『管子』の篇名である。「孔安国伝」成立の背景を考察する際、多くの示唆が与えられるのではなかろうか。

野間文史（のま　ふみちか）

略歴　1948 年、愛媛県生まれ
広島大学名誉教授
元二松學舍大学特別招聘教授

著書　『五經正義の研究』『春秋学－公羊伝と穀梁伝』『十三經注疏の研究』『春秋左氏伝－その構成と基軸』『五經正義研究論攷－義疏學から五經正義へ』『五経入門』『春秋集箋』（共に研文出版）、『春秋左傳正義譯注　第一冊』『春秋左傳正義譯注　第二冊』『春秋左傳正義譯注　第三冊』『春秋左傳正義譯注　第四冊』『春秋左傳正義譯注　第五冊』『春秋左傳正義譯注　第六冊』（共に明德出版社）、『馬王堆出土文献訳注叢書　春秋事語』（東方書店）、『儀禮索引』『周禮索引』（共に中国書店）、『春秋正義の世界』（溪水社）、『春秋正義を読み解く』（東洋古典学研究会）ほか

ISBN978-4-89619-840-9

孝経―唐玄宗御注の本文訳　附孔安国伝

令和二年十月二十一日　初版印刷
令和二年十月三十一日　初版発行

著者　野間文史
発行者　佐久間保行
発行所　㈱明德出版社

〒167-0052　東京都杉並区南荻窪一―二五―三
電話　〇三―三三三三―六二四七
振替　〇〇一九〇―七―五八六三四

印刷・製本　㈱明徳

野間文史 著

春秋左傳正義譯注 【全六冊】

本書は孔穎達奉勅撰《春秋正義》60 巻の全巻を日本語訳し、訳注を施したものである。 翻訳文の理解を助けるために経文・伝文・注文の原文を掲げ、注文には訓読文も附した。 A 四判上製

第一冊	序及び、隠公・桓公篇を収録。	10,000 円 624 頁
第二冊	荘公・閔公・僖公篇を収録。	10,000 円 632 頁
第三冊	文公・宣公・成公篇を収録。	12,000 円 653 頁
第四冊	襄公篇を収録。	12,000 円 615 頁
第五冊	昭公篇を収録。	12,000 円 745 頁
第六冊	定公・哀公篇を収録。巻末に「春秋正義引用索引」を附す。	12,000 円 428 頁